SEIS PERSONAJES EN BUSCA DE AUTOR

Luigi Pirandello

SEIS PERSONAJES EN BUSCA DE AUTOR

Selección
CLÁSICOS UNIVERSALES

Avda. de Guadalix, 103
28120 Algete, Madrid
Tel. 91 886 43 80
Fax: 91 886 47 19
E-mail: info@mestasediciones.com
www.mestasediciones.com
http://www.facebook.com/MestasEdiciones
http://www.twitter.com/#!/MestasEdiciones

Director de colección: J. M. Valcárcel

Ilustración de cubierta bajo licencia Shutterstock,
Autor: Romi49

Primera edición: *Marzo, 2023*

ISBN: 978-84-18765-41-4
Depósito legal: M-2247-2023
Printed in Spain - Impreso en España

INTRODUCCIÓN

Seis personajes en busca de autor, de Luigi Pirandello, está considerada una de las obras más importantes de la literatura dramática moderna, un clásico atemporal que ha cautivado la imaginación del público desde su estreno en 1921. Es, sin lugar a duda, una pieza teatral innovadora y cautivadora, que ofrece una mirada perspicaz sobre la condición humana, a la vez que invita a reflexionar sobre lo que significa ser real y sobre cómo el arte puede dar sentido a la vida. La historia sigue a una serie de seres en su búsqueda de un propósito vital, al tiempo que explora cuestiones como la identidad, lo falso y la verdad. Estos personajes son complejos y reales, lo que hará que los lectores empaticen con sus luchas y conecten con sus emociones. Su visión única de la identidad y la realidad atraerá a aquellos que busquen algo diferente a las obras tradicionales, mientras que su lado humorístico la hará agradable para cualquiera que ame una buena carcajada. Ha sido elogiada por la crítica por su ingenio, inteligencia y relevancia, razones de suma importancia por las que usted debería empezar a disfrutar este libro hoy mismo.

El argumento nos presenta a unos personajes desesperados que llegan a un teatro, afirmando ser creaciones ficticias inacabadas de un dramaturgo que los ha abandonado. Estos personajes exigen que la compañía teatral ponga en escena su historia, para que pueda ser expuesta y representada, y les proporcione un final, ya que se sienten incompletos sin él.

Una de las innovaciones más notables de esta pieza teatral fue el uso de recursos escénicos para explorar aspectos como la identidad, la verdad y la realidad. Utilizó el concepto de "ficción dramática" para explorar estos temas de forma poco convencional. Los personajes se presentan como si fueran personas auténticas en escena, con sus propias motivaciones y deseos que hacen avanzar la trama. Esta técnica permite a Pirandello ir más allá de las convenciones narrativas tradicionales y crear una aventura literaria única. Otra innovación fue su capacidad para mezclar realismo y surrealismo. Mientras que algunos elementos de la obra se basan en lo verdadero, otros son abstractos y oníricos. Los lectores (o su público) tienen así la oportunidad de experimentar un mundo en el que fantasía y lo verídico se confunden, creando una interesante yuxtaposición entre lo que es real y lo que no lo es. De este modo, el autor pudo idear múltiples capas, dentro de la narración, que permiten explorar diferentes perspectivas del mismo argumento.

«Los hechos son como los sacos; si están vacíos no pueden tenerse en pie.»

El teatro del absurdo es un movimiento teatral que surgió en la década de 1950 y se caracteriza por la exploración de materias como la ausencia de sentido, la incongruencia lógica y la imposibilidad de comunicación. Este tipo de experiencias teatrales se basan en la idea de que la existencia es inherentemente absurda y que cualquier intento de darle sentido es vano. A menudo utilizan elementos como el diálogo sin sentido, la acción sin propósito y la falta de lógica, para crear una atmósfera de desconcierto y confusión. Los principales representantes del teatro del absurdo son Samuel Beckett, Eugene Ionesco y, por supuesto, Luigi Pirandello.

Seis personajes en busca de autor es una obra maestra de este tipo de dramaturgia porque cuestiona la naturaleza y el significado de la vida a través de una serie de roles que buscan un sentido y propósito. Se plantea la idea de que la verdad es subjetiva y que cada individuo tiene su propia versión de la misma, lo que provoca una sensación de desesperación y confusión en los personajes y en el espectador. Además, este experimento teatral utiliza los elementos que acabamos de mencionar, como son el diálogo sin sentido, la acción sin propósito y la falta de lógica para crear una atmósfera de «absurdismo» controlado y desconcierto total.

> *«Para gozar el favor del público no ayuda tanto tener un par de ojos propios como estar previsto de un par de lentes ajenos, que hagan ver a los hombres y a la vida de una cierta manera y de un determinado color, como quiere y exige la moda y el gusto corriente del público.»*

Este libro es perfecto para los lectores que buscan algo diferente a lo habitual. A menudo es considerado uno de los mejores escritos de la literatura contemporánea; una sana locura escénica que realmente le transportará al mundo especial creado por Pirandello.

El editor

> *«La educación es la enemiga de la sabiduría, porque la educación hace necesarias muchas cosas de las cuales, para ser sabios, sería necesario prescindir.»*

Luigi Pirandello

PRÓLOGO DEL AUTOR

Hace muchos años (aunque parezca que fue ayer) que mi arte tiene una criadita muy ágil y, precisamente por eso, no es una novata en el oficio.

Se llama Fantasía.

Es un tanto desdeñosa y burlona. Aunque le guste vestir de negro, nadie le negará que no tiene sus salidas graciosas, ni tampoco creerá nadie que todo lo hace siempre en serio y solo así. Mete la mano en el bolsillo, se saca un gorrito de cascabeles, rojo como una cresta, se lo pone y desaparece. Hoy está aquí y mañana allá. Y se divierte llevando a casa —para que yo escriba relatos, novelas y comedias— a la gente más insatisfecha del mundo, hombres, mujeres y jóvenes, vinculados a extraños problemas de los que no saben cómo librarse; decepcionados con sus proyectos, con sus esperanzas frustradas, y con quienes, en definitiva, conversar es un auténtico incordio.

Pues bien, esta criadita, Fantasía, hace ya muchos años tuvo la perversa inspiración o el desafortunado capricho de traerse a mi casa a una familia entera, no sé de dónde ni cómo la recogió, pero pensaba de ellos que yo habría podido sacar el tema para una magnífica novela.

Me encontré así con un hombre que frisaba los cincuenta años, que vestía chaqueta negra y pantalón claro, que mostraba un aire tenso y unos ojos malhumorados por alguna mortificación; a una pobre mujer vestida de luto, que aferraba con la mano a una niña de cuatro años y con la otra a un niño que tendría poco más de diez; a una jovencita descarada y provocadora, que también iba vestida de negro pero haciendo una ostentación ambigua y agresiva, siendo toda ella una crispación arrogante e incisiva que iba dirigida contra aquel hombre mayor mortificado y contra un veinteañero que se mantenía apartado y ensimismado, como si los despreciase a todos.

Recapitulando, son los seis personajes que se suben al escenario al principio de la comedia. Ya fuese uno u otro, pero a menudo uno desautorizando al otro, comenzaban a contarme sus penas, cada uno gritando sus motivos, espetándome sus pasiones sin control, casi de la misma manera a como lo hacen ahora en la comedia con el pobre Director.

¿Qué autor podrá contar en alguna ocasión cómo y por qué nació un personaje en su fantasía? El misterio de la creación artística es el misterio mismo del nacimiento. Puede ser que una mujer, amando, desee transformarse en Madre, pero el deseo en sí, por muy intenso que sea, no es suficiente. Un buen día ella será Madre, sin sentir de manera precisa la concepción. Igualmente, un artista, al vivir, recibe muchos motivos de la vida sin poder jamás decir cómo y por qué en un momento u otro, uno de estos motivos vitales penetra en su fantasía y se transforma en una criatura viva, en un plano de vida superior a la caprichosa existencia diaria.

Únicamente puedo decir que me encontré ante aquellos seis personajes sin saber que los había buscado. Estaban tan vivos que podía tocarlos, oírlos respirar, y ahora se los puede ver en escena. Y allí esperaban, cada uno con su secreta tortura y unidos por el nacimiento y el desarrollo de sus propios percances, a que yo los introdujese en el mundo del arte para convertirlos a ellos, a sus pasiones y sus casos, en una novela, en un drama o, al menos, en un relato.

Habían nacido vivos y deseaban vivir.

Ahora convendría saber que para mí no ha sido suficiente representar la figura de un hombre o de una mujer, por muy especiales y particulares que sean, ni narrar una aventura peculiar, grata o triste, por el mero placer de narrarla, o bien describir un paisaje por el simple capricho de describirlo.

Existen escritores (y no son pocos) con esta afición y, estando conformes, no exploran otra. Son escritores de índole específicamente histórica.

Pero hay otros que más allá de ese gusto sienten una necesidad espiritual más profunda, por la cual no admiten figuras, sucesos, paisajes que no se impregnen, digámoslo así, de un especial sentido de la vida y con ello no adquieran un valor universal. Son escritores de índole específicamente filosófica.

Yo tengo la desgracia de ser uno de estos últimos.

Detesto el arte simbólico, para el cual la representación se despoja de cada movimiento espontáneo y se transforma en una máquina, en una alegoría. Es un esfuerzo baldío y equívoco, ya que el simple hecho de proporcionar sentido alegórico a una representación revela de modo patente que en ella hay implícito un valor de fábula que carece por sí misma de una verdad, fantástica o real, y que ha sido creada para demostrar cualquier tipo de verdad moral. Esa necesidad espiritual a la cual me refiero no se puede satisfacer con ese simbolismo alegórico si no es de forma ocasional y debido a una ironía sublime (por ejemplo, en Ariosto). Este simbolismo arranca de un concepto e incluso de uno que se plantea o intenta transformarse en imagen. En cambio, aquella necesidad busca en la imagen, que ha de mantenerse viva y libre en toda su expresión, un sentido que le aporte un valor.

Ahora bien, por mucho que lo buscase, yo no conseguía descubrir este sentido en esos seis personajes. y por ello creía que no merecía la pena hacerlos vivir. Me decía a mí mismo:

«Ya he agobiado tanto a mis lectores con cientos y cientos de relatos que, ¿por qué agobiarlos aún más con la narración de los casos tristes de estos seis infelices?».

Pensando de este modo los alejé de mí. O, mejor dicho, hacía lo posible por alejarlos. Sin embargo, no se da vida en vano a un personaje.

Criaturas de mi espíritu, las seis vivían ya una existencia que era suya y ajena a mí, una existencia que yo no podía seguir negándoles.

Es tan cierto que, aun insistiendo en excluirlos de mi espíritu, ellos, casi completamente distanciados de cualquier tipo de soporte narrativo, personajes de novela milagrosamente surgidos de las páginas que los contenían, seguían viviendo por su cuenta. Aprovechaban algunos momentos del día para acercárseme en la soledad de mi estudio y, uno u otro o todos juntos, me tentaban y me proponían esta o aquella escena que representar o describir, hablaban del efecto que podría lograrse, del interés nuevo que despertaría una situación insólita, y así sucesivamente.

Yo me rendía por momentos y cada vez bastaba mi anuencia o el dejarme llevar para que ellos cobrasen un poco más de vida y fuesen aumentando su presencia. También y por eso mismo lograban persuadirme con mayor eficacia. De este modo, lentamente, me costaba más librarme de ellos y a ellos les resultaba más fácil tentarme. Tanto es así que, en cierto momento, se convirtió en una tremenda obsesión. Al menos hasta que, casi al mismo tiempo, di con el modo de remediarlo.

«¿Por qué no represento —me dije— esta novedosa situación de un autor que se niega a dotar de vida a ciertos personajes que no se resignan a quedar excluidos del mundo del arte a pesar de habérseles infundido vida? Ellos se han separado de mí, viven por su cuenta, han conseguido voz y movimiento, se han hecho a sí mismos a la fuerza personajes dramáticos en esta lucha sostenida conmigo por su propia existencia, personajes que pueden moverse y hablar por sí solos, ya se ven como tales y han aprendido a defenderse de mí, de modo que también sabrán defenderse de los demás. Así pues, dejémoslos ir a donde deben ir los personajes dramáticos para cobrar vida: sobre un escenario, y veamos qué sucede».

Eso es lo que he hecho. Y, como cabía esperar, ha sucedido lo que tenía que suceder: es una mezcla de tragedia y comedia, de fantasía y realismo, en una situación humorística novedosa y compleja como ninguna. Por un lado, un drama que en sí mismo y por medio de sus personajes extremados, parlanchines y autosuficientes, que lo llevan encima y lo sufren en sus carnes, quiere lograr a costa de lo que sea el modo de ser representado. Por otro, una comedia sobre el intento fútil de esta improvisada ejecución escénica. Desde un primer momento, la sorpresa de esos pobres actores de una compañía dramática, que de día ensayaban una comedia sobre un escenario sin bastidores ni decorados; sorpresa y recelo al ver aparecer a esos seis personajes que se anunciaban como tales buscando un autor; después, casi de inmediato, la imprevista ausencia de la Madre enlutada, el inconsciente interés en el drama que vislumbraban en ellos y en los demás miembros de esa curiosa familia; un drama oscuro, confuso, que se abatía sin pensarlo sobre aquel escenario vacío e inadecuado para recibirlo, y el aumento paulatino de este interés cuando irrumpieron las pasiones contrastadas, ya sea del Padre o de la Hijastra, del Hijo, o de aquella pobre Madre; pasiones que buscan, como he dicho, imponerse entre sí con un furor trágico y punzante.

Y entonces aquel sentido universal, buscado en vano al comienzo en estos seis personajes, lo hallaron ellos mismos una vez subidos al escenario, encontrándolo en sí mismos al concitar la lucha desesperada de cada uno contra el otro, y todos contra el Director y los actores que no los comprenden.

Sin quererlo ni saberlo, en el ajetreo de sus atormentados espíritus, para defenderse de las acusaciones mutuas, expresan como suyas las exaltadas pasiones y el tormento que, en realidad, durante tantos años han sido angustias de mi espíritu: el engaño que implica la comprensión recíproca, basado de irremisiblemente en la vacía abstracción de las palabras y en la personalidad múltiple de cada uno según todas las posibilidades de ser que hay en nosotros. Y, finalmente, el trágico conflicto inherente entre la vida que se mueve sin cesar, mutando, y la forma inmutable que la detiene.

Especialmente dos de los seis personajes, el Padre y la Hijastra, hablan de esta atroz e inevitable fijeza de su forma, en la que el uno y la otra consideran expresada para siempre su esencia, sin que quepa la posibilidad de modificarse, y que en uno representa castigo y venganza en la otra. Preservan su esencia de los gestos ficticios y la inconsciente inconstancia de los actores, tratando de imponerse al vulgar Director que desearía alterarla y adaptarla a las llamadas exigencias del teatro.

No todos los seis personajes están supuestamente en el mismo grado de conformación, pero no porque haya entre ellos figuras de primer o segundo plano, es decir, «protagonistas» y «comparsas» —lo cual sería un punto de vista elemental y necesario para una composición escénica o narrativa—, ni tampoco porque todos no estén debidamente creados para su fin. Los seis gozan del mismo grado de realización artística y ocupan el mismo plano de realidad: lo fantástico de la comedia. Tanto el Padre como la Hijastra e incluso el Hijo están creados como espíritus; la Madre, como naturaleza; y como «presencia» el Chico que mira y gesticula y la niña totalmente inerte. Este hecho establece entre ellos una perspectiva inédita. Yo había tenido de manera inconsciente la impresión de que en algunos casos necesitaba plasmarlos más acabados (artísticamente), en otros menos, y en el resto apenas o un poco configurados como elementos de un hecho por narrar o escenificar: los más vivaces y logrados, el Padre y la Hijastra, que sin duda vayan por delante, guíen e incluso soporten el peso casi muerto de los otros: uno, el Hijo, rebelde; el otro, la Madre, como una víctima resignada entre esas dos criaturitas que apenas tienen consistencia salvo por su aspecto y por depender de que los lleven de la mano.

¡Así! Definitivamente, cada uno debía aparecer en ese estadio de creación alcanzado en la fantasía del autor en el instante en que iba a expulsarlos de sí.

Si ahora lo pienso, haber intuido esta necesidad y haber hallado la manera de resolverla con un nuevo punto de vista, y de la forma en que lo hice, se me antoja un milagro. El hecho es que la comedia fue realmente concebida en una iluminación espontánea de la fantasía, cuando se corresponden y obran de manera prodigiosa elementos espirituales en una concertación divina. Ningún cerebro humano, por muy calculador o afanoso que fuese, jamás habría conseguido adentrarse y satisfacer todas las necesidades de su forma. Por eso, los motivos que expondré para esclarecer sus valores no deben considerarse intenciones preconcebidas por mí cuando me disponía a su creación, y de la cual asumo ahora su defensa, sino solo como hallazgos que yo mismo he podido hacer más tarde con la mente lúcida.

He querido representar seis personajes que buscan un autor. El drama no llega a escenificarse precisamente a falta del autor que buscan, pero, en cambio, se representa la comedia de su tentativa baldía, con todo lo que tiene de trágica debido a que estos seis personajes han sido rechazados.

Pero ¿puede representarse un personaje rechazándolo? Es obvio que para representarlo se necesita, por el contrario, acogerlo en la fantasía y expresarlo después. Efectivamente, yo he acogido y creado esos seis personajes, pero los he acogido y creado como rechazados: en busca de otro autor.

Ahora es preciso comprender qué es lo que rechacé de ellos. Es evidente que no a ellos mismos, sino su drama, que sin duda les interesa en especial a ellos, pero que a mí no me interesaba lo más mínimo por las razones expuestas.

¿Qué es su propio drama para un personaje?

Para llegar a existir, cada fantasma, cada criatura del arte, ha de contar con su propio drama. Esto es, un drama del cual y por el cual sea personaje. El drama es la razón de ser del personaje, su función vital, lo necesita para existir.

De los seis, yo he acogido el ser, pero he rechazado la razón de ser; he tomado el organismo para confiarle, en lugar de su función inherente, otra más compleja en la que casi no entraba más que como una sencilla anécdota. Situación terrible y desesperada de manera especial para dos personajes —el Padre y la Hijastra— que viven más que los otros y poseen una mayor conciencia de ser personajes, esto es, seres que necesitan de manera absoluta un drama, el suyo propio, un drama en el cual únicamente ellos pueden imaginarse a sí mismos y que, para empezar, ven rechazado. Es una situación «imposible» de la cual sienten que deben salir como sea, como si fuese un asunto de vida o muerte. Lo cierto es que, en cuanto razón de ser, en cuanto función, les di otra, precisamente esa situación «imposible», el drama de ir en busca de un autor porque los han rechazado. Sin embargo, ni siquiera sospechan que sea esta una razón de ser y que se haya convertido para ellos, que gozaban ya de una vida propia, en la función necesaria y suficiente para existir. Si alguien se lo dijese, no se lo creerían; puesto que es imposible creer que la única razón de nuestra vida se limite a un suplicio que nos parece injusto e inexplicable.

Por eso no soy capaz de imaginar sobre qué fundamento me hicieron la observación de que el personaje del Padre no fue el que debía ser, ya que prescindía de sus cualidades y posición de personaje al invadir, ocasionalmente y haciendo suyos, los atributos del autor. Yo, que comprendo a quienes no me comprenden a mí, supongo que la observación se desprende del hecho de que ese personaje expresa como si fuese suya una inquietud que es abiertamente mía. Esto es muy natural y no significa nada en absoluto. Al margen de especificar que la inquietud sufrida y vivida por el personaje del Padre se debe a causas y motivos que nada tienen que ver con el drama de mi experiencia personal, consideración que en sí misma basta para desautorizar la crítica, quiero aclarar que una cosa es la innata inquietud de mi espíritu, la cual legítimamente puedo plasmar en un personaje —hasta el punto de hacerla orgánica—, y que otra cosa es la actividad de mi espíritu dedicada a la creación de esta obra, es decir, la actividad que consigue establecer el drama de esos seis personajes en busca de un autor. Si el Padre participase en esta última actividad, si contribuyese a crear parte del drama del ser de aquellos personajes sin autor, entonces y solo entonces, sí se justificaría el decir que en ocasiones él sea el autor y, por lo tanto, no quien debería ser. Pero el Padre, en su posición de «personaje en busca de autor», lo padece y no lo crea, lo padece como una inexplicable fatalidad y como una situación frente a la cual trata de rebelarse con todas sus fuerzas y remediarla, lo cual corresponde a un «personaje en busca de un autor», y solo eso, aunque exprese la inquietud de mi espíritu como si fuese suya. Si formase parte de la actividad del autor, se explicaría a la perfección su fatalidad. Se sentiría vinculado, aun como personaje rechazado, ya que siempre lo acogerían en la matriz fantástica de un poeta, y carecería de razones para padecer la desesperación de no hallar quien afirme y componga su vida de personaje. Quiero decir con esto que aceptaría sin poner pegas la razón de ser que le atribuye el autor y renunciaría sin quejarse a la que tenía, despachando al Director y a los actores a quienes debe recurrir, por el contrario, como única posibilidad.

No obstante, existe un personaje el de la Madre, al cual no le importa de hecho tener vida y que tenerla lo considera como un fin en sí mismo. A ella no le cabe ninguna duda de estar viva, ni se le ha pasado jamás por la cabeza la idea de preguntarse cómo, por qué o en qué modo lo está. Resumiendo, carece de conciencia de ser un personaje: esto por cuanto jamás, ni siquiera un momento, desentona con su «papel». Ignora que tiene un «papel».

Esto la hace perfectamente orgánica. De hecho, por su «naturalidad», su papel de Madre no genera movimientos espirituales. Ella no vive como un espíritu. Vive en un sentimiento continuo carente de progresión y, por lo tanto, no puede adquirir conciencia de su vida en cuanto a ser personaje. No obstante, con todo eso, también ella busca un autor a su modo y para sus propios fines. En cierto modo parece contenta de que la hayan llevado ante El Director.

Tal vez porque también ella espera cobrar vida debido a él. Pero no, ya que ella espera que El Director le haga representar una escena con el Hijo, a la cual aportaría mucho de su propia vida. Pero es una escena inexistente, que jamás ha podido ni podrá existir. No es consciente de ser un personaje, es decir, no es consciente de la vida que podría tener, toda ella fijada y determinada, un segundo tras otro, en cada gesto y cada palabra.

Ella se presenta con los demás personajes en el escenario, aunque no entiende lo que le obligan a hacer. Imagina sin lugar a duda que la obsesión por vivir que mueve al marido y a la hija, y por la cual ella también se encuentra en un escenario, es solo una de las habituales e incomprensibles chifladuras de ese hombre atormentado y torturante, y —horrible, horrible— una nueva y ambigua arrogancia de la pobre y descarriada joven. Es totalmente pasiva. Los sucesos de su vida y el valor que han adquirido, incluso su carácter, son cosas que se dicen los otros y que ella contradice únicamente una vez, ya que emerge el instinto materno y se rebela en ella para aclarar que no desea dejar al Hijo ni al marido, puesto que le arrancaron al Hijo y el marido la obligó a abandonarlo. Pero solo rectifica datos. No sabe ni se explica nada.

Recapitulando, es naturaleza. La naturaleza encarnada en la figura de una Madre.

Este personaje me ha dado una inesperada satisfacción, que debo explicar. Casi todos mis críticos, en lugar de definirla como suelen de «inhumana» —lo cual parece ser el carácter peculiar e incorregible de todas mis criaturas sin distinción— han tenido la bondad de señalar, «con verdadera complacencia», que al final había nacido de mi fantasía una figura de lo más humana. Me explico así este elogio: estando mi pobre Madre constreñida a su carácter de Madre, sin posibilidad de libres movimientos espirituales, esto es, casi como si fuese un pedazo de carne del todo viva en sus funciones de procrear, amamantar, cuidar y amar a su prole, sin que necesite recurrir al cerebro, ella realiza en sí misma el auténtico y perfecto «tipo humano». Es cierto que así sucede, ya que nada parece más superfluo en un organismo humano que el espíritu.

Ahora bien, pese a ese elogio, los críticos han despachado a la Madre sin preocuparse de esclarecer el núcleo de valores poéticos que representa el personaje en la comedia. Humanísima figura, sin lugar a duda, pues carece de espíritu, o sea, ajena a lo que es o despreocupada por explicárselo. Pero el hecho de ignorar que es un personaje no le priva de serlo. En eso radica su drama en mi comedia. Y la expresión más viva de eso se manifiesta en el grito que profiere al Director cuando él trata de persuadirla de que todo ha sucedido ya y que, por lo tanto, no puede haber motivos para un nuevo llanto:

«¡No! ¡Está pasando ahora y siempre! ¡Mi suplicio no ha terminado, señor! ¡Yo estoy viva y presente, siempre presente en cada segundo de mi suplicio, que siempre se renueva, también vivo y presente!». Esto lo siente ella inconscientemente y, por lo tanto, como algo inexplicable. Pero lo siente de un modo tan terrible que ni siquiera piensa que pueda explicárselo a sí misma o a los demás. Lo siente y ya está. Lo siente como un dolor y es este dolor inmediato el que clama. Así pues, en ella se refleja la fijeza de su vida en una forma que atormenta al Padre y a la Hijastra de otra manera. Ellos son espíritu; ella, un carácter de la naturaleza. El espíritu se rebela contra esa fijeza o busca como sea aprovecharla. Si no se ve instigada por los estímulos sensitivos, la naturaleza llora.

El conflicto inherente entre el movimiento vital y la forma no es solo una condición inexorable de índole espiritual, sino también natural. La vida que se ha fijado para que exista en nuestra forma corporal va matando lentamente la forma adquirida. El llanto de esta naturaleza detenida es el envejecimiento irreparable y continuo de nuestro cuerpo. El llanto de la Madre es así pasivo y perpetuo. Expuesto en tres fases, valorado en tres dramas diversos y contemporáneos, ese conflicto inherente halla así en la comedia la expresión más lograda. Y más aún, porque la Madre también declara el valor concreto de la forma artística en su grito al Director: la forma no abarca ni siega su vida, y la vida, a su vez, no acaba agotando a la forma. Si el Padre y la Hijastra representasen cien mil veces seguidas su escena, siempre en el punto establecido, en el instante en el que la vida de la obra artística debe expresarse con ese grito suyo, el grito siempre estallaría de nuevo. Sería inalterado e inalterable en su forma, pero no como una repetición mecánica u obligada por necesidades exteriores, sino todo lo contrario, cada vez vivo, como si fuese nuevo, como si naciese siempre de improviso, embalsamado vivo en su forma eterna. De este modo, siempre que abrimos el libro, encontraremos a Francesca viva confesando a Dante su dulce pecado y, si regresásemos cien mil veces seguidas, Francesca diría de nuevo sus palabras, sin repetirlas nunca maquinalmente, sino diciéndolas como si fuese la primera vez, con una pasión tan viva y brusca que Dante desfallecerá siempre que la escuche. Cuanto tiene vida, por el hecho de vivir, tiene forma, y por eso debe morir, excepto la obra de arte, que precisamente vivirá siempre porque es forma.

El nacimiento de una criatura de la fantasía humana, lo cual es franquear el umbral entre la nada y la eternidad, puede suceder de repente, cuando su gestación responde a una necesidad.

Para un drama inventado se requiere un personaje que haga o diga algo concreto y necesario. Por eso nació aquel personaje y eso es precisamente lo que debía existir. Así nace Madama Pace[1] entre aquellos seis personajes y es como un milagro. Incluso es un artilugio sobre aquel escenario representado de manera realista. Pero no es artilugio. El nacimiento es real, el nuevo personaje está vivo no porque ya estaba vivo, sino porque felizmente nació como corresponde a su naturaleza de personaje «obligado» por decirlo de alguna manera. Se ha producido un resquebrajamiento, una mutación inédita en el plano de realidad de la escena, porque un personaje solo puede nacer de ese modo en la fantasía del poeta y no sobre las tablas de un escenario. Sin que nadie se percate, ha cambiado de golpe la escena:

la he vuelto a acoger en ese momento en mi fantasía sin necesidad de privársela a los espectadores; les he mostrado, en vez del escenario, pero bajo la imagen del mismo escenario, el acto de creación de mi fantasía. La mutación inesperada y fuera de control de una apariencia, desde un plano de la realidad a otro, es un milagro parecido a los realizados por aquel santo que hace mover su estatua, que en ese momento ya no es por cierto ni de madera ni de piedra, pero tampoco es un milagro arbitrario. Aquel escenario, al acoger también la realidad fantástica de los seis personajes, no existe por sí mismo como un hecho fijo e inmutable, como nada en esta comedia existe con un lugar asignado o preconcebido, todo deviene, todo gira, todo se improvisa. También el plano de realidad del lugar, en el cual se transforma y vuelve a transformar esta vida informe que busca una forma, llega a modificarse orgánicamente. Cuando concebí que naciera allí Madama Pace, en el escenario, sentí que podía hacerlo y lo hice. Si hubiese sabido que este nacimiento descuadraba y modificaba en silenciosamente, casi

[1] Madama Pace en el original. En algunas versiones la palabra italiana *Pace* [Patʃe] se traduce por Paz, pero hemos preferido dejar el nombre tal y como lo concibió el autor.

inadvertidamente, en un solo segundo, el plano de realidad de la escena es seguro que no lo habría intentado, detenido ante la aparente falta de lógica. Habría cargado con un defecto la belleza de mi obra, de lo cual me salvó el fervor de mi espíritu, ya que contra una falsa apariencia lógica, ese nacimiento fantástico se sostiene sustentado por una necesidad real, que goza de una misteriosa y orgánica correspondencia con toda la vida de la obra.

Que alguien me diga ahora que esta carece de todo el valor que podría tener, pues su expresión no es coherente, sino caótica, ya que adolece de romanticismo y me hará sonreír.

Comprendo por qué me hicieron esa observación, porque en mi trabajo la representación del drama en el que se ven envueltos los seis personajes parece tumultuosa y no procede según un orden establecido. No existe un desarrollo lógico ni una concatenación de los hechos. Eso es muy cierto. Por mucho que lo buscase no habría podido hallar un modo más desordenado, extravagante, arbitrario y complicado, esto es, más romántico, de representar «el drama en que se ven envueltos los seis personajes». Es verdadero, pero yo, por cierto, no he representado ese drama, he representado otro —¡y repetiré cuál!— en el que, entre las otras cosas bellas que cada uno hallará según sus gustos, existe una discreta sátira de los procedimientos románticos. La sátira reside en el hecho de que mis personajes se desesperan por desautorizarse en el papel que cada uno desempeña en su drama, mientras yo los presento como personajes de una comedia distinta, que ellos no saben ni sospechan, de modo que su agitación pasional, propia de los procedimientos románticos, está tratada con humor, montada en el vacío. Y el drama de los personajes, representado no como se habría ordenado en mi fantasía si yo lo hubiese acogido, sino así, como drama rechazado, no podía tener lugar en mi trabajo si no fuese como una «situación» por desarrollar, y no podía aparecer si no fuese por indicios, turbulenta y desordenadamente, en violentos bocetos, de manera caótica, sin cesar interrumpido, errado, contradictorio e incluso negado por uno de sus personajes y ni siquiera vivido por otros dos.

Pero existe un personaje —el que «niega» el drama que lo hace personaje, el Hijo— cuyo realce y valor se desprende de ser un personaje no de la «comedia por escenificar» —que como tal apenas aparece—, sino de la representación que realicé. Resumiendo, es el único que vive como «personaje en busca de autor». Tanto es así que el autor que busca no es uno dramático. Esto tampoco podía ser de otro modo. La actitud del personaje es tanto orgánica en mi concepción cuanto es lógica que, en la situación, establezca más confusión y desorden y otro motivo de contraste romántico.

Pero es justo este caos, orgánico y natural, el que quería representar. Representar un caos no implica para nada representarlo caótica, sino románticamente. Mi representación no es en absoluto confusa, sino incluso clara, sencilla y ordenada. Eso lo prueba la evidencia con la que, a los ojos de todos los públicos del mundo, se ha comprendido la trama, los caracteres, los planos fantásticos y realistas, dramáticos y cómicos de la obra, e incluso resaltan los valores inesperados que encierra para quienes tienen una mirada más penetrante.

La confusión de lenguas entre los hombres es enorme si consiguen palabras para expresarse críticas como las imputadas. Es tan ingente esta confusión como perfecta la íntima ley del orden que, escrupulosamente respetada, hace mi obra clásica y ejemplar, y niega cualquier palabra de fracaso. Cuando es obvio para todos que no se crea vida por un artificio y que no se puede representar el drama de los seis personajes al no haber un autor que le insufle espíritu, el Director, deseoso de conocer cómo se desarrolló la historia, instiga al Hijo a que rememore los hechos, y este, sin razón ni voz, se abalanza torpe e inútilmente cuando oye la detonación de un arma de fuego en el escenario. Con eso se quiebra y dispersa el intento baldío de los personajes y de los actores, aparentemente no asistido por el poeta.

Solo que el poeta, ignorándolo ellos, casi observando en todo momento desde lejos ese intento, ha logrado mientras tanto crear su obra con él y de él.

ELENCO

LOS PERSONAJES DE LA COMEDIA POR REPRESENTAR

El padre

La madre

La hijastra

El hijo

El chico

La niña

(estos dos últimos no hablan)

Madama Pace *(más adelante rememorada)*

LOS ACTORES DE LA COMPAÑÍA

El director

La actriz protagonista

El actor protagonista

La segunda actriz

La actriz joven

El actor joven

Otros actores y actrices

El director de escena

El apuntador

El atrecista

El tramoyista

El secretario del director

El conserje

Tramoyistas y ayudantes de escena

SEIS PERSONAJES EN BUSCA DE AUTOR

De día, sobre un escenario de teatro.

Nota bene:

La comedia carece de actos y de escena. La representación se verá interrumpida por primera vez, sin que caiga el telón, cuando el Director y el primer personaje se retiren para ponerse de acuerdo sobre el escenario y los actores desaparezcan de este. La segunda vez, cuando el Tramoyista haga caer el telón por error.

Al entrar en la sala, el público verá el telón levantado y el escenario como está de día, sin bastidores ni decorados, casi a oscuras, vacío, para que desde el principio tengan la impresión de que se trata de un espectáculo no preparado de antemano. Dos escaleritas, una a la derecha y otra a la izquierda, comunicarán el escenario con la platea. En el escenario, la concha del apuntador estará junto al foso. Al otro lado, cerca del tablado, una mesita y un sillón de espaldas al público para El Director. Otras dos mesitas, una más grande y otra más pequeña, con muchas sillas alrededor, puestas allí para tenerlas a mano durante el ensayo si se necesitan. Otras sillas, aquí y allá, a derecha e izquierda, para los Actores. En el fondo, a un lado y casi oculto, un piano. Cuando se apaguen las luces de la sala se verá entrar por la puerta del foro al Tramoyista con un mono azul y una bolsa atada a la cintura. Recogerá de un rincón del fondo unos listones,

los dejará en el tablado y se arrodillará para fijarlos. Al sonar los martillazos, el Director de escena saldrá por la puerta de los camerinos.

EL DIRECTOR DE ESCENA:
¿Qué haces?

EL TRAMOYISTA:
¿Que qué hago? Clavar.

EL DIRECTOR DE ESCENA:
¿A estas horas? *(Consulta el reloj.)* Son las diez y media. El Director llegará en cualquier momento para el ensayo.

EL TRAMOYISTA:
Sí, pero ¡yo también necesito mi tiempo para trabajar!

EL DIRECTOR DE ESCENA:
Y lo tendrás, pero no ahora.

EL TRAMOYISTA:
¿Y cuándo entonces?

EL DIRECTOR DE ESCENA:
Cuando no sea la hora de ensayar. Deprisa, llévatelo todo. Déjame que prepare la escena para el segundo acto de *El juego de los papeles.*[2]

El Tramoyista recogerá los listones y se irá resoplando y gruñendo. Mientras, por la puerta del foro, empezarán a salir los Actores de la compañía, hombres y mujeres, primero uno y luego otro, después dos al mismo tiempo, como quieran: nueve o diez, los que se supone que son parte de los ensayos de la comedia de Pirandello «El juego de los papeles», prevista para ese día. Entrarán,

[2] Obra de Luigi Pirandello escrita y representada por primera vez en 1918, durante la enfermedad de su esposa, antes de que fuese internada en una institución mental. En ella Leone, que se ha distanciado de su esposa Silia, que está viviendo una aventura con Guido, consigue manipular a este último para que ocupe su lugar en duelo en el cual le dan muerte.

saludarán al Director de escena y se saludarán entre ellos, deseándose los buenos días. Algunos irán a los camerinos. Otros, entre ellos el Apuntador, que tendrá el guion enrollado debajo del brazo, se quedarán en el escenario esperando al Director para empezar a ensayar, mientras cambiarán palabras sentados formando un círculo o en pie. Uno encenderá un cigarrillo, otro se quejará del papel que le toca, aquel leerá en voz alta a sus compañeros un artículo de una revista teatral. Convendría que las Actrices y los Actores llevasen ropas claras y alegres, que esta primera escena improvisada esté llena de energía. En un momento dado, uno de los comediantes podrá sentarse al piano y tocar una música bailable. Los Actores y Actrices más jóvenes bailarán.

EL DIRECTOR DE ESCENA:

(Dando palmas para llamarlos al orden.) Venga, vamos, orden. ¡Ya está aquí el Director!

La música y el baile cesarán al unísono. Los Actores se girarán para mirar hacia la platea, por cuya puerta se verá entrar al Director, que cruzará el pasillo entre las butacas con un sombrero de copa, el bastón bajo el brazo y un cigarro puro en la boca. Los comediantes lo saludarán y subirá al escenario por una de las dos escaleritas. El Secretario le entregará el correo, un periódico y un guion sellado.

EL DIRECTOR:

¿Cartas?

EL SECRETARIO:

Ninguna. Esto es todo.

EL DIRECTOR:

(Dándole el guion cerrado.) Llévelo al camerino. *(Después, mirando a su alrededor y dirigiéndose al Director de escena.)* Pero si aquí no se ve ni torta. Por favor, un poco más de luz.

EL DIRECTOR DE ESCENA:

¡Ahora mismo!

Irá a dar la orden. El escenario se iluminará poco después con una intensa luz blanca en la parte derecha, donde estarán los Actores. Mientras, el Apuntador habrá ocupado su sitio en el foso, habrá encendido la lamparita y abierto el guion delante de él.

EL DIRECTOR:

(Dando unas palmadas.) Venga, vamos, que tenemos que empezar. *(Al Director de escena.)* ¿Falta alguien?

EL DIRECTOR DE ESCENA:

La actriz protagonista.

EL DIRECTOR:

¡Como siempre! *(Consulta el reloj.)* Llevamos diez minutos de retraso. Anótelo, por favor. Así aprenderá a llegar puntual a los ensayos.

No habrá terminado la amonestación cuando se escuchará la voz de la Actriz Protagonista desde el fondo de la sala.

LA ACTRIZ PROTAGONISTA:

¡No, no, por favor! ¡Ya estoy aquí! ¡Ya estoy!

Va vestida de blanco de pies a cabeza, con un excéntrico sombrero y un gracioso perrito entre los brazos. Correrá por el pasillo de la platea y subirá apresuradamente por una de las escaleritas.

EL DIRECTOR:

Insiste en hacerse esperar.

LA ACTRIZ PROTAGONISTA:

Perdón. ¡He estado buscando como loca un coche para llegar a tiempo! Pero veo que no han empezado aún. Y yo no aparezco al principio de la obra. *(Luego, llamando por su nombre al Director de escena, le deja el perrito.)* Por favor, llévelo a mi camerino.

EL DIRECTOR:

(Renegando.) ¡Y ahora el perrito! Como si fuésemos pocos los que parecemos aquí mascotas. *(Da palmadas de nuevo y se dirige al Apuntador.)* Venga, vamos, el segundo acto de *El juego de los papeles. (Sentándose en la butaca.)* Atentos, señores. ¿De quién es la escena?

Los Actores y las Actrices despejan el tablado y se sientan en un lado, excepto los tres que van a participar en el ensayo y la Actriz Protagonista, que haciendo caso omiso de la pregunta del Director se sienta ante una de las mesitas.

EL DIRECTOR:

(A La Actriz Protagonista.) ¿Interviene en la escena?

LA ACTRIZ PROTAGONISTA:

Yo no.

EL DIRECTOR:

(Irritado.) ¡Pues entonces quítese, por Dios!

La Actriz Protagonista se levanta y se sienta junto a los demás Actores, que ya están acomodados en un lado.

EL DIRECTOR:

(Al Apuntador.) Empiece ya.

EL APUNTADOR:

(Leyendo el guion.) «En casa de Leone Gala. Un curioso salón, al mismo tiempo comedor y despacho».

EL DIRECTOR:
(Dirigiéndose al Director de escena.) El salón lo pintaremos de color rojo.

EL DIRECTOR DE ESCENA:
(Apuntándolo en un papel.) De color rojo, conforme.

EL APUNTADOR:
(Sigue leyendo el guion.) «Mesa puesta y un escritorio con libros y papeles. Librerías y vitrinas con lujosas vajillas y cubertería. Puerta al fondo por la cual se llega a la habitación de Leone. Puerta lateral a la izquierda por la cual se entra en la cocina. La puerta principal está a la derecha».

EL DIRECTOR:
(Levantándose y señalando.) Así que presten atención: allí, la puerta principal y aquí, la cocina. *(Dirigiéndose al Actor que representará el papel de Sócrates.)* Usted entrará y saldrá por este lado. *(Al Director.)* Pondrá la mampara al fondo y después colgará las cortinas. *(Se sienta de nuevo.)*

EL DIRECTOR DE ESCENA:
(Anotándolo.) Sí.

EL APUNTADOR:
(Leyendo el guion.) «Primera escena. Leone Gala, Guido Venanzi, Filippo, llamado Sócrates» *(Al Director.)* ¿Leo también las acotaciones?

EL DIRECTOR:
¡Sí, sí! ¡Ya se lo he dicho mil veces!

EL APUNTADOR:
(Leyendo el guion.) «Se levanta el telón y Leone Gala, con un gorro de cocinero y delantal, intenta batir un huevo en un cuenco utilizando un cucharón de

madera. Filippo, también vestido de cocinero, bate otro. Guido Venanzi está sentado y escucha».

EL ACTOR PROTAGONISTA:

(Al Director.) Perdón, pero ¿tengo que llevar el gorro?

EL DIRECTOR:

(Irritado por el comentario.) ¡Por supuesto! ¡Está escrito! *(Señala el guion.)*

EL ACTOR PROTAGONISTA:

Pero ¡si es ridículo!, perdóneme.

EL DIRECTOR:

(Poniéndose en pie, furioso.) «¡Ridículo, ridículo!» ¿Qué quiere que le haga si ya no vienen de Francia más comedias buenas y tenemos que resignarnos a representar comedias de Pirandello, que nadie comprende y parecen escritas a propósito para que no se queden contentos ni los actores, ni los críticos, ni el público? *(Los Actores se ríen. Entonces él se levanta, va hacia el Actor Protagonista y grita.)* ¡El gorro de cocinero, sí, hombre! ¡Y batirá los huevos! ¿Se cree que solo tiene que batir los huevos con las manos? Pues no. ¡Tendrá que representar el papel de la cáscara de los huevos que está batiendo! *(Los Actores vuelven a reír y hacen comentarios irónicos entre ellos.)* ¡Silencio! ¡Y atiendan cuando hablo! *(Se vuelve a dirigir al Actor Protagonista.)* Sí, hombre, la cáscara. ¡Eso representa la forma vacía de la razón, sin la plenitud del instinto, que es ciego! Usted representa la razón y su esposa, el instinto, en un juego de papeles asignados, de modo que usted, al representar su papel, es el títere voluntario de sí mismo. ¿Entendido?

EL ACTOR PROTAGONISTA:

(Abriendo los brazos.) ¡No lo entiendo!

EL DIRECTOR:

(Regresando a su sitio.) ¡Pues yo aún menos! Así que será mejor que sigamos. ¡Después me alabará el resultado! *(En tono confidencial.)* Le aconsejo que se ponga siempre de perfil o, si no, entre lo enrevesado del diálogo y usted que no dejará que el público lo escuche, nadie se enterará de nada. *(Dando otra vez palmadas.)* ¡Atentos, atentos! Empecemos.

EL APUNTADOR:

Perdón, señor Director. ¿Podría cubrirme con la concha? ¡Es que hay corriente de aire!

EL DIRECTOR:

¡Claro, hágalo!

Entretanto, el Conserje del teatro habrá entrado en la sala. Lleva su gorra ornamentada en la cabeza. Atravesando el pasillo de la platea, se acercará al escenario para anunciar al Director que han llegado los Seis Personajes, quienes también han entrado en la sala y lo siguen a cierta distancia, algo desorientados y perplejos, mirando a su alrededor. Quien quiera tratar de representar esta comedia debe recurrir a todos los medios disponibles para lograr un efecto mediante el cual estos Seis Personajes jamás se confundan con los Actores de la compañía. La colocación de unos y otros —que se indica en las anotaciones— cuando ya se encuentren en el escenario será muy útil sin lugar a duda, tanto como una diversa intensidad luminosa de reflectores especiales. Sin embargo, el medio más eficaz e idóneo propuesto será el recurso a caretas especiales para los Personajes. Serán caretas especialmente fabricadas con un material que no se ablande con el sudor, de modo que no serán ligeras para los actores que deberán llevarlas. Se fabricarán de forma que queden libres los ojos, la nariz y la boca. De esta manera se interpreta el sentido más profundo de la comedia. Así pues, los Personajes no deberán aparecer como espectros, sino

como realidades creadas, elaboraciones inalterables de la fantasía, y por ello más reales y congruentes que la naturalidad inconstante de los Actores. Las caretas ayudarán a crear la impresión de la figura artísticamente construida y fijada de manera indeleble en la expresión del propio sentimiento esencial: el arrepentimiento en el caso del Padre, la venganza en el de la Hijastra, el desprecio en el del Hijo, el dolor en el de la Madre, con lágrimas de cera pegadas a lo más lívido de las ojeras y las mejillas, como puede apreciarse en las imágenes esculpidas y pintadas de las Mater Dolorosa de las iglesias. Hasta la ropa debe ser de paño y con un corte particular, sin extravagancias, con pliegues rígidos y de un volumen majestuoso. En pocas palabras, no debe dar la idea de que está confeccionada con una tela que pueda comprarse en cualquier tienda o sastrería de la ciudad.

El Padre frisará los cincuenta años. Tendrá una frente amplia, pero no será calvo, con el cabello rojizo, bigote espeso y crespo sobre una boca fresca, predispuesta a una sonrisa incierta y fatua. Pálido, sobre todo en la amplia frente, de ojos azules y ovalados, brillantes y agudos. Llevará pantalones claros y chaqueta oscura. A veces será melifluo, pero mostrará gestos duros y ásperos otras ocasiones.

La Madre estará muerta de miedo y sobrecogida por el insoportable peso de la vergüenza y la humillación. Tocada con un tupido velo de viuda, vestirá con humildad de luto. Cuando se retire el velo, no mostrará un rostro atormentado, pero debe parecer de cera. Siempre tendrá la mirada gacha.

La Hijastra, de dieciocho años, será descarada hasta resultar casi impúdica. Será una beldad y también irá de luto, aunque con una vistosa elegancia. Mostrará desdén por el aire medroso, desolado y casi desorientado del hermano pequeño, un Chico escuálido de catorce años, también vestido de negro. En cambio, la hermana pequeña, una Niña de unos cuatro años,

mostrará una ternura vivaz y vestirá de blanco con una cinta de seda negra atada en torno a la cintura.

El Hijo, de veintidós años, alto, casi paralizado en un menosprecio contenido por el Padre y en una indiferencia ceñuda por la Madre, llevará un abrigo morado y una larga cinta verde atada en torno al cuello.

EL CONSERJE:

(Con la gorra en la mano.) Perdone, señor.

EL DIRECTOR:

(Brusco, despectivo.) ¿Y ahora qué?

EL CONSERJE:

(Tímidamente.) Hay aquí unos señores que preguntan por usted.

El Director y los Actores se giran sorprendidos para mirar desde el escenario hacia abajo, a la platea.

EL DIRECTOR:

(Nuevamente irritado.) ¡Estamos ensayando! ¡Ya sabe que no debe entrar nadie mientras ensayamos! *(Dirigiéndose hacia el fondo.)* ¿Quiénes son ustedes y qué quieren?

EL PADRE:

(Avanzando un paso, seguido por los demás, hasta llegar a una de las escaleritas.) Venimos en busca de un autor.

EL DIRECTOR:

(Entre sorprendido y enfadado.) ¿De un autor? ¿De qué autor?

EL PADRE:

Del que sea, señor.

EL DIRECTOR:

Pues aquí no hay ninguno porque no estamos ensayando ninguna comedia de estreno.

LA HIJASTRA:

(Subiendo rápidamente la escalerita con un alegre vigor.) ¡Entonces mejor, mucho mejor, señor! Nosotros podríamos ser su comedia de estreno.

ALGUNO DE LOS ACTORES:

(Entre los comentarios bulliciosos y las risas de los otros.) ¡Mirad lo que dice!

EL PADRE:

(Siguiendo a la Hijastra sobre el escenario.) Bueno, pero ¿y si no hay autor? *(Al Director.)* Salvo que quiera serlo usted…

La Madre, con la Niña cogida de la mano, y el Chico suben los primeros peldaños de la escalerita y aguardarán. El Hijo se queda abajo, enfadado.

EL DIRECTOR:

¿Están de guasa?

EL PADRE:

¿Cómo se le ocurre eso, señor? Al contrario, le traemos un doloroso drama.

LA HIJASTRA:

¡Y podríamos ser su golpe de suerte!

EL DIRECTOR:

¡Hagan el favor de marcharse! ¡No estamos para perder el tiempo con chalados!

EL PADRE:

(Herido y melifluo.) Pero señor, sabe perfectamente que la vida está plagada de infinitos absurdos que

descaradamente no tienen siquiera la necesidad de parecer verosímiles, puesto que son verdaderos.

EL DIRECTOR:

Pero ¿qué demonios está diciendo?

EL PADRE:

Digo que por supuesto puede considerarse una chifladura tratar de hacer lo contrario, esto es, crear lo verosímil para que parezca verdadero. Pero déjeme observar que, si fuese chifladura, esta es la razón última de su oficio.

Los Actores se remueven, molestos.

EL DIRECTOR:

(Levantándose y desafiándolo.) ¿Ah, sí? ¿Conque nuestro oficio le parece cosa de chiflados?

EL PADRE:

Bueno, dar aspecto de verdadero a lo que no lo es sin que sea necesario hacerlo, señor, como un juego... ¿O es que el oficio de ustedes no consiste en dotar de vida en la escena a personajes fantásticos?

EL DIRECTOR:

(Erigiéndose rápidamente en portavoz del malestar creciente de sus Actores.) Estimado señor, ¡le aseguro que la profesión del comediante es muy noble! Si hoy en día los nuevos dramaturgos nos ponen a representar comedias banales y a títeres en vez de hombres, ¡sepa que nos preciamos de haber dado vida aquí, sobre estas tablas, a obras inmortales!

Satisfechos, los Actores asienten y aplauden a su Director.

EL PADRE:

(Interrumpiendo con ímpetu.) ¡Eso es! ¡Justo! ¡A seres vivos, más vivos que los que visten y calzan! Tal vez

menos reales, pero ¡más verdaderos! ¡Somos del mismo parecer!

Los Actores se miran entre sí, sin entender.

EL DIRECTOR:
¿No comprendo? Pero si antes ha dicho…

EL PADRE:
No me malinterprete. Lo decía por usted, señor, que nos ha gritado que no tiene tiempo para perderlo con chalados, cuando usted mejor que nadie sabe que la naturaleza recurre a la fantasía humana como herramienta para continuar su obra creada en un grado superior.

EL DIRECTOR:
De acuerdo, está bien. ¿A dónde quiere llegar con eso?

EL PADRE:
A nada, señor. Solo a demostrar que se llega a la vida de modos diferentes y en formas muy distintas:

Árbol o piedra, agua o mariposa… o mujer. ¡Y que también se nace siendo un personaje!

EL DIRECTOR:
(Con un pasmo fingido e irónico.) Entonces usted y quienes lo acompañan, ¿han nacido siendo personajes?

EL PADRE:
Eso es, señor. Y estamos vivos, como puede ver.

El Director y los Actores se ríen a carcajadas, como si se burlasen.

EL PADRE:

(Herido.) Me disgusta que se burlen así, porque arrastramos cada uno, repito, un drama doloroso, como pueden deducir los señores al ver a esta mujer de luto. *(Diciendo esto le ofrece la mano a la Madre para ayudarla a subir los últimos peldaños y, guiándola, la lleva con una solemnidad trágica al otro lado del escenario, que se ilumina entonces con una luz fantasmagórica.)*

La Niña y el Chico van detrás de la Madre; a continuación, el Hijo, que se mantendrá apartado, al fondo; también la Hijastra, que se coloca en el proscenio, apoyada en el borde del escenario. Primero pasmados, luego admirados por esta evolución de los hechos, los Actores rompen a aplaudir como si les brindasen un espectáculo.

EL DIRECTOR:

(Primero sorprendido, luego irritado.) ¡Ya vale! ¡Cállense! *(Luego, dirigiéndose a los Personajes.)* ¡Y ustedes salgan de aquí! ¡Largo! *(Al Director de escena.)* ¡Por amor de Dios, sáquelos de aquí!

EL DIRECTOR DE ESCENA:

(Acercándose para detenerse luego, como si lo retuviese una extraña turbación.) ¡Vamos! ¡Fuera!

EL PADRE:

(Al Director.) Verá, nosotros…

EL DIRECTOR:

(Gritando.) ¡Ya está bien, tenemos que trabajar!

EL ACTOR PROTAGONISTA:

¡Será posible que alguien se burle así…!

EL PADRE:

(Resuelto, adelantándose.) ¡Me asombra su incredulidad! ¿Es que los señores no están acostumbrados a ver cómo aparecen casi vivos aquí, uno frente al otro, los personajes creados por un autor? ¿O es que a lo mejor no tienen *(señala la concha del Apuntador)* un guion que nos contenga?

LA HIJASTRA:

(Se sitúa frente al Director, risueña y zalamera.) Señor, puede creer que somos realmente seis personajes de lo más interesante. Por desgracia frustrados.

EL PADRE:

(La aparta.) ¡Sí, frustrados, eso es! *(Al Director, de inmediato.)* En el sentido, es evidente, de que el autor que nos dio vida a continuación no quiso o no pudo introducirnos materialmente en el mundo del arte. Y de veras que fue un delito, señor, porque quien ha disfrutado de la suerte de nacer como un personaje vivo se puede reír hasta de la muerte. ¡Nunca morirá! Y para vivir eternamente no necesita siquiera unas dotes extraordinarias u obrar milagros. ¿Quién era Sancho Panza? ¿Quién era don Abundio?[3] Pues son eternos porque, como semillas vivientes, ¡tuvieron la suerte de encontrar un vientre fértil, una fantasía que supo alimentarlos y desarrollarlos, insuflarles vida eterna!

EL DIRECTOR:

¡Todo eso que dice está bien! Pero ¿qué quieren hacer aquí?

---

[3] Don Abundio (Abbondio) es un personaje de la novela *Los Novios* de Alessandro Manzoni (1785-1873). Es el sacerdote, medroso y pusilánime ante quien desean contraer matrimonio Renzo y Lucia.

EL PADRE:

¡Queremos vivir, señor!

EL DIRECTOR:

(Irónico.) ¿Para toda la eternidad?

EL PADRE:

No, señor. Al menos un momento, a través de ustedes.

UN ACTOR:

Pero ¡qué ocurrencia!

LA ACTRIZ PROTAGONISTA:

¡Quieren vivir en nosotros!

EL ACTOR JOVEN:

(Señala a La Hijastra.) Por mí no hay problema, si me toca ella a mí.

EL PADRE:

Miren, fíjense. Aún hay que hacer la comedia; *(al Director)* pero si quiere y sus actores están dispuestos, la organizamos entre nosotros en un periquete.

EL DIRECTOR:

(Irritado.) Pero ¿qué es lo que quiere organizar? ¡Aquí no se hace nada de eso! ¡Aquí interpretamos dramas y comedias!

EL PADRE:

¡Pues por eso mismo! ¡Hemos acudido a usted precisamente por eso!

EL DIRECTOR:

¿Y dónde tienen el guion?

EL PADRE:

Somos nosotros mismos, señor. *(Los Actores se ríen.)* El drama está en nosotros, somos nosotros, y nos morimos de ganas por representarlo, igual que nos quema la pasión por dentro.

LA HIJASTRA:

(Sarcástica, con la alevosa gracia de un oscuro cinismo.) ¡Mi pasión, si usted supiese, señor! Mi pasión… ¡Por él! *(Señala al Padre y trata de abrazarlo, pero estalla en una estentórea carcajada.)*

EL PADRE:

(Con un arranque de rabia.) ¡De momento quédate en tu sitio! ¡Y no te rías así!

LA HIJASTRA:

¿No? Pues si me lo permiten, aunque sea huérfana hace poco más de dos meses, ¡miren cómo canto y bailo, señores! *(Sugiere maliciosamente que está bailando con paso de danza la primera estrofa de* Prends garde à Tchou-Tchin-Tchou *de Dave Stamper*[4] *en la adaptación a Foxtrot o One-Step lento de Francis Salabert.)*[5]

Les chinois sont un peuple malin,

De Shangai à Pekin,

Ils ont mis des écriteaux partout:

Prenez garde à Tchou-Tchin-Tchou![6]

Mientras ella canta y baila, los Actores, especialmente los jóvenes, se desplazan hacia ella como atraídos por una extraña fascinación y sin apenas levantar las manos como si quisieran atraparla. Ella se hace la escurridiza. Cuando los Actores prorrumpan en aplausos, y después de que el Director le llame la atención, se quedará como absorta y lejana.

[4] Compositor estadounidense.

[5] Editor de música francés que destacó por su carácter innovador.

[6] Los chinos son un pueblo malvado, de Shanghái a Pekín, han puesto carteles por todas partes: ¡Cuidado con Tchou-Tchin-Tchou!

LOS ACTORES Y LAS ACTRICES:

(Entre risas y aplausos.) ¡Muy bien! ¡Bravo! ¡Bravo!

EL DIRECTOR:

(Iracundo.) ¡Silencio! ¿Creen que esto es un cabaré? *(Apartándose a un lado con el Padre y con cierta consternación.)* Pero, dígame. ¿Está chiflada?

EL PADRE:

¿Chiflada? No. ¡Algo peor!

LA HIJASTRA:

(Yendo rápidamente hacia El Director.) ¡Peor! ¡Peor! ¡Mucho peor, señor! ¡Peor! Escuche si tiene la bondad. Haga que se represente en breve este drama porque verá que, llegado un momento, yo, cuando esta pequeña tan bonita... *(Toma de la mano a la Niña, que está junto a la Madre, y la lleva ante El Director.)* ¿Ve lo guapa que es? *(La sube en brazos y la besa.)* ¡Tesoro mío, cariño! *(La deja de nuevo en el suelo y añade, casi involuntariamente y conmovida.)* Bueno, cuando a esta preciosidad se la quite Dios a su pobre Madre, y cuando este bobo *(tira hacia delante del Chico asiéndolo sin miramientos por la manga)* cometa la mayor de las tonterías, propia del tonto que es *(lo devuelve junto a la Madre de un empellón)*, ¡entonces sí que podrá verse cómo volaré! ¡Sí, señor! ¡Volaré! ¡Muy alto! ¡Y estoy deseando hacerlo, créame que lo deseo! Porque después de lo que pasó íntimamente entre él y yo *(señala al Padre con un guiño atroz)* no puedo seguir con ellos, siendo testigo del tormento de esa madre por culpa de ese sinvergüenza. *(Señala al Hijo.)* ¡Mírelo! ¡Mírelo! ¡Indiferente y frío, porque es el hijo legítimo! Menospreciándonos a mí, a aquel, *(señala al Chico)* a esa criaturita. ¿Y sabe por qué? Porque somos bastardos. ¿Está claro? Bastardos. *(Se acerca a la Madre y la abraza.)* Y a esta pobre

madre, que es madre de todos nosotros, él no quiere reconocerla como madre suya. Él la desdeña y solo la considera madre de nosotros tres, los bastardos. ¡Es ruin! *(Dice todo esto rápidamente, muy excitada, y al llegar al «ruin» final, tras haber inflado la voz en «bastardos», lo pronunciará lentamente, como si escupiese la palabra.)*

LA MADRE:

(Se dirige al Director con una infinita angustia.) Señor, le imploro en nombre de estas dos criaturitas... *(Se siente desfallecer y vacilará.)* Dios mío...

EL PADRE:

(Se acerca para sostenerla mientras casi todos los Actores están aturdidos y afligidos.) Por favor, una silla, una silla para esta pobre viuda.

LOS ACTORES:

(Acercándose.) Entonces, ¿es verdad? ¿Desfallece?

EL DIRECTOR:

¡Una silla, venga!

Uno de los Actores ofrece una silla y los otros la rodean corriendo. La Madre, sentada, trata de impedir al Padre que le retire el velo con el que oculta el rostro.

EL PADRE:

Mírela, señor, mírela...

LA MADRE:

No, no, déjame.

EL PADRE:

¡Deja que te vean! *(Le quita el velo.)*

LA MADRE:

(Levantándose y cubriéndose desesperadamente el rostro con las manos.) Señor, le ruego que no permita

a este hombre utilizarme para sus propósitos. ¡Sería horrible para mí!

EL DIRECTOR:

(Impresionado y aturdido.) ¿Qué pasa? ¿De quién se trata? *(Al Padre.)* ¿Es su mujer o no?

EL PADRE:

(De inmediato.) Sí, señor, es mi mujer.

EL DIRECTOR:

¿Entonces por qué es viuda, si usted está vivo?

Los Actores se libran de su aturdimiento con una estruendosa carcajada.

EL PADRE:

(Herido, con un resentimiento desabrido.) ¡No se burlen! ¡No se rían así, por amor de Dios! Este es precisamente su drama, señor. Ella tuvo otro hombre. ¡Otro hombre que debería estar aquí!

LA MADRE:

(Gritando.) ¡No! ¡No!

LA HIJASTRA:

Por suerte para él, está muerto. Se lo dije hace dos meses. Llevamos luto por él, como puede ver.

EL PADRE:

Pero mire, no está aquí porque haya muerto. No está aquí porque… Mírela, señor, haga el favor, y lo comprenderá de inmediato. Su drama no consiste en amar a dos hombres por quienes es incapaz de sentir nada, salvo un poco de agradecimiento. No hacia mí, sino hacia el otro… porque no es una mujer. ¡Es una madre! Y su drama, espantoso, señor, de hecho consiste en estos cuatro hijos que ha tenido de esos dos hombres.

LA MADRE:

¿Que yo los he tenido? ¿Te atreves a decir que he sido yo quien los ha tenido, como si los hubiese deseado? Señor, ¡ha sido él! ¡Me los dieron él y el otro a la fuerza! ¡Me obligó, me obligó a irme con él!

LA HIJASTRA:

(Cortante e indignada.) ¡No es verdad!

LA MADRE:

(Aturdida.) ¿Cómo que no es verdad?

LA HIJASTRA:

¡No es verdad! ¡No lo es!

LA MADRE:

¿Y tú qué sabes?

LA HIJASTRA:

¡No es verdad! *(Al Director.)* ¡No la crea! ¿Sabe por qué lo dice? Por ese... *(Señala al Hijo.)* ¡Lo dice por él! Porque le atormenta y sufre por culpa de la indiferencia de ese hijo a quien quiere explicarle que si lo abandonó cuando tenía dos años fue porque la obligó él *(señala al Padre)*.

LA MADRE:

(Decidida.) ¡Me obligó, lo hizo! ¡Pongo a Dios por testigo! *(Al Director.)* ¡Pregúntele a él *(señala al marido)* si es o no verdad! ¡Que se lo diga!... Ella *(señala a la Hijastra)* no puede saber nada.

LA HIJASTRA:

Sé que mientras vivió mi padre tú viviste tranquila y contenta con él. ¡Niégalo si es que puedes!

LA MADRE:

No lo niego...

LA HIJASTRA:

¡Siempre cariñoso y preocupado por ti! *(Al Chico, con rabia.)* ¿A que sí? ¡Dilo! ¿Por qué no hablas, idiota?

LA MADRE:

¡No lo molestes! ¿Por qué quieres que parezca una desagradecida, hija? ¡Jamás quise ofender a tu padre! ¡Solo he dicho que nunca dejé su casa ni a mi hijo por culpa mía ni por propia voluntad!

EL PADRE:

Es cierto, señor. Fui yo.

Pausa.

EL ACTOR PROTAGONISTA:

(A sus compañeros.) ¡Menudo espectáculo!

LA ACTRIZ PROTAGONISTA:

¡Nos lo están dando ellos a nosotros!

EL ACTOR JOVEN:

Por una vez.

EL DIRECTOR:

(Que empieza a interesarse por la historia.) ¡Atención! ¡Presten atención! *(Diciendo esto baja por una de las escaleritas hasta la platea y se queda de pie delante del escenario, como si quisiera captar las impresiones de la escena igual que un espectador.)*

EL HIJO:

(Sin moverse de su lugar, frío, pausado e irónico.) ¡Atiendan ahora el discursito filosófico! Va a hablar el demonio de los experimentos.

EL PADRE:

¡Eres un cínico estúpido, te lo he dicho mil veces! *(Al Director, que ya está en la platea.)* Señor, se burla por las palabras que he usado para defenderme.

EL HIJO:

(Despectivo.) Palabras.

EL PADRE:

¡Palabras! ¡Palabras! ¡Como si aliviase a cualquiera ante lo que no se puede explicar, frente a un mal que nos corroe, el dar con una palabra que no dice nada, pero que nos tranquiliza!

LA HIJASTRA:

¡Tranquilidad sobre todo el arrepentimiento!

EL PADRE:

¿El arrepentimiento? Eso no es cierto. No lo he calmado en mí únicamente con palabras.

LA HIJASTRA:

También con un poco de dinero. ¡Sí, sí, también con dinero! ¡Con la miseria que iba a ofrecerme, señores!

Reacción de indignación de los Actores.

EL HIJO:

(Con desdén hacia su hermanastra.) ¡Eso es una bajeza!

LA HIJASTRA:

¿Bajeza? Si estaba allí, en un sobre azul sobre la mesita de caoba, en la trastienda de Madama Pace. Ya sabe, una de esas señoras que so pretexto de vender *Robes et Manteaux*[7] atraen a sus *atelliers*[8] a chicas pobres y de buena familia como una…

EL HIJO:

Y así ha comprado el derecho a tiranizarnos a todos con el dinero que él estaba a punto de pagar y que

[7] Vestidos y abrigos (en francés en el original).
[8] Talleres (en francés en el original).

afortunadamente, óigame bien, después no tuvo motivos para pagar.

LA HIJASTRA:

¡Estuvimos a punto, a puntito, para que te enteres! *(Estalla en risas.)*

LA MADRE:

(Indignada.) ¡Es una vergüenza, hija! ¡Una vergüenza!

LA HIJASTRA:

(Cortante.) ¿Vergüenza? ¡Pero si es mi venganza! ¡Señor, estoy deseando revivir esa escena! La habitación... por aquí la vitrina de los abrigos; allí, el sofá cama; el tocador; un biombo; delante de la ventana la mesita de caoba con el sobre azul del dinero. ¡Puedo verlo! ¡Hasta podría llevármelo! ¡Pero los señores deberían darse la vuelta porque estoy casi desnuda! Ya no me sonrojo porque, ¡él es quien debe hacerlo! *(Señala al Padre.)* ¡Pero les aseguro que estaba blanco como la cera en ese momento! *(Al Director.)* ¡Créame, señor!

EL DIRECTOR:

¡Yo no me meto ya más!

EL PADRE:

¡Lo reto a que lo haga! ¡No deje que lo engañen! ¡Ponga un poco de orden, señor, y déjeme hablar sin prestar atención a la afrenta que ella quiere achacarme con tanta ferocidad y aclarar las cosas como es debido!

LA HIJASTRA:

¡Aquí nadie se inventa nada!

EL PADRE:

¡Yo tampoco, quiero explicarles!

LA HIJASTRA:

¡Sí, cómo no! ¡Haz lo que te venga en gana!

En este punto, el Director sube de nuevo al escenario para poner un poco de orden.

EL PADRE:

¡Aquí radica todo el daño! ¡En las palabras! Todos llevamos dentro un montón de cosas, cada uno las suyas. ¿Cómo es posible que nos entendamos, señor, si en las palabras que digo yo incluyo el sentido y el valor de las cosas como las considero yo, mientras que quien escucha las asume inevitablemente con el sentido y el valor que tienen para él, según el mundo que lleva dentro de él? Creemos que podemos entendernos, pero ¡jamás nos entendemos! Mire mi piedad, toda mi piedad por esta mujer *(señala a la Madre)*, ella la toma como si fuese la peor de las crueldades.

LA MADRE:

¡Pero si tú me alejaste!

EL PADRE:

¿Lo ve? ¡Alejarla yo! ¡Le parece a usted que la haya despreciado!

LA MADRE:

Tú sabes hablar y yo no... Pero créame, señor, que después de casarse conmigo..., Dios sabe por qué..., yo era una mujer pobre y humilde...

EL PADRE:

Pues por eso. Me casé contigo por tu humildad, y eso es lo que quise en ti al creer... *(Se detiene por las negativas de ella, abre los brazos en alto, desesperado ante la imposibilidad de que lo comprenda, y se dirige al Director.)* ¿Lo ve? ¡Dice que no! Horrenda, señor, créame, *(se golpea la frente)* su ofuscación es horrible, su ofuscación mental. Tiene corazón, sí, pero ¡para sus hijos! ¡Y no atiende a razones, señor, es exasperante!

LA HIJASTRA:

¡Cómo no! Pero que también le cuente la suerte que nos acarreó su inteligencia.

EL PADRE:

¡Si pudiera preverse todo el mal que puede nacer del bien que creemos estar haciendo!

En este punto, la Actriz Protagonista, que se ha enojado al ver al Actor Protagonista flirteando con la Hijastra, se adelanta y pregunta al Director.

LA ACTRIZ PROTAGONISTA:

Perdón, señor Director, ¿vamos a seguir el ensayo?

EL DIRECTOR:

Sí, sí, claro. ¡Pero ahora déjeme escuchar!

EL ACTOR JOVEN:

¡Es un caso tan raro!

LA ACTRIZ JOVEN:

¡Muy interesante!

LA ACTRIZ PROTAGONISTA:

¡A quien le interese! *(Y lanza una mirada furibunda al Actor Protagonista.)*

EL DIRECTOR:

(Al Padre.) Es necesario que se explique con claridad. *(Se sienta.)*

EL PADRE:

¡Por supuesto! Verá, señor, trabajaba un pobre hombre conmigo, un subalterno, mi secretario, fiel como un perro, que se entendía muy bien con ella *(señala a la Madre)* sin malas intenciones, ¡faltaría más! Era un hombre bueno, humilde como ella, incapaz ninguno de los dos no solo de hacer el mal, sino siquiera de pensarlo.

LA HIJASTRA:

Pero, en cambio, él sí que lo pensó contra ellos. ¡Y lo hizo!

EL PADRE:

¡No es cierto! Mi intención fue hacerles un bien y hacérmelo a mí de paso, lo confieso. Señor, yo había llegado al punto en que no podía decirles una sola palabra a ninguno de los dos sin que ellos cambiasen una mirada inteligente y cómplice, sin que ella no buscase de inmediato los ojos del otro para recibir consejo sobre cómo debía tomar mis palabras para que yo no me enfadase. ¡Como comprenderá, eso bastaba para mantenerme enfadado, en un estado de rabia intolerable!

EL DIRECTOR:

¿Y por qué no despidió a su secretario?

EL PADRE:

¡Eso hice! ¡Lo despedí! Pero entonces me encontré con que esta pobre mujer se quedaba en casa como perdida, como uno animal sin dueño al que se acoge por compasión.

LA MADRE:

¡Cómo no!

EL PADRE:

(Girándose hacia ella, adelantándose.) Nuestro hijo, ¿no?

LA MADRE:

¡Señor, empezó por arrancarme al hijo de los brazos!

EL PADRE:

¡Pero no fue por crueldad! Fue para que creciese sano y fuerte, en contacto con la naturaleza.

LA HIJASTRA:

(Señalándolo, irónica.) ¡Se nota!

EL PADRE:

(De inmediato.) ¿También es culpa mía que se criase así? Señor, se lo dejé a una nodriza en el campo, en manos de una campesina, porque ella no me pareció lo bastante fuerte pese a su origen humilde. Ese fue el motivo por el que me casé con ella. Prejuicios, es posible, ¿pero qué quiere que le haga? ¡Siempre he tenido estas malditas aspiraciones a una firme salud moral! *(En este punto, la Hijastra estalla de nuevo en una escandalosa risotada.)* ¡Hágala callar! ¡No hay quien la soporte!

EL DIRECTOR:

¡Cállese! ¡Déjeme escuchar, por Dios!

De inmediato, tras la llamada de atención del director, ella se calla y se queda absorta, cortando la risa. El Director baja del tablado para ver mejor la escena.

EL PADRE:

Yo no podía seguir con esta mujer. *(Señala a La Madre.)* Pero no por el fastidio que sentía, por la opresión, una verdadera opresión, sino por la pena, por la angustiosa lástima que causaba.

LA MADRE:

¡Así que por eso me echó de casa!

EL PADRE:

La envié con ese hombre sin que le faltase de nada. Sí, señor. ¡Lo hice para librarla de mí!

LA MADRE:

¡Y también para librarse él!

EL PADRE:

Sí, señor. Yo también, lo reconozco. Y el resultado fue un gran malestar. Pero lo hice con mi mejor intención..., más por ella que por mí. ¡Lo juro! *(Cruza los brazos sobre el pecho; después se dirige rápidamente a La Madre.)* Di si dejé de tenerte presente. ¡Dilo! Di si te abandoné hasta que él te llevó a otra ciudad, de buenas a primeras, sin que yo lo supiese, estúpidamente impresionado por mi interés puro, créame que fue puro, señor, sin intenciones ocultas. Me interesé con la mayor de las ternuras por la nueva familia que iba surgiendo. ¡Ella misma puede asegurarlo! *(Señala a La Hijastra.)*

LA HIJASTRA:

¡Y más que eso! Yo era muy chiquitita, ¿sabe? Llevaba trenzas por la espalda e incluso un vestidito corto, mire si era pequeña, y me lo encontraba a él delante de la puerta de la escuela siempre que salía de clase. Venía a ver cómo crecía.

EL PADRE:

¡Eso es mentira! ¡Mal bicho!

LA HIJASTRA:

¿Seguro? ¿Por qué?

EL PADRE:

¡Alimaña! ¡Mal bicho! *(Se dirige inmediatamente al Director y explica con vehemencia.)* Señor, una vez que se fue ella *(señala a la Madre)*, la casa se me hizo horriblemente vacía. Era una pesadilla. ¡Ella al menos la llenaba! En cuanto estuve solo, me encontré en casa desorientado. Ese *(señala al Hijo)*, que se crio lejos de mí, no sé, ya no parecía mi hijo cuando volvió a casa. Entre él y yo faltaba la madre, creció a solas, por su cuenta, sin ninguna relación afectiva ni espiritual conmigo. Entonces, es extraño, señor, pero fue así, sentí curiosidad por la familia que se formó por mi causa. Pensar en esa familia llenó el vacío en el que vivía. Sentía necesidad, una auténtica necesidad de saber que estaba en paz, que se ocupaba de los detalles más sencillos de la vida y que tenía la suerte de estar lejos de mi espíritu torturado. Para comprobarlo iba a ver a esa niña cuando salía de clase.

LA HIJASTRA:

¡Claro! Me seguía por la calle, me sonreía y se despedía saludando con la mano cuando llegaba a mi casa. Yo no le quitaba los ojos de encima porque estaba enfadada. ¡No sabía quién era! Se lo dije a mamá. Y ella supo de inmediato de quién le hablaba. *(La Madre asiente moviendo la cabeza.)* Entonces no quiso enviarme más al colegio, al menos durante varios días. Cuando volví, me lo encontré de nuevo a la salida. ¡Qué ridículo! Llevaba un paquete en las manos. Se me acercó, me acarició y sacó del paquete un enorme sombrero florentino muy bonito, de paja, con una guirnalda de florecitas primaverales. ¡Era para mí!

EL DIRECTOR:

¡Pero todo esto es solo un cuento, señores!

EL HIJO:

(Desdeñoso.) Pues claro, ¡literatura y nada más que literatura!

EL PADRE:

¿Cómo que literatura? ¡Esto es la vida real, señor! ¡Pasiones!

EL DIRECTOR:

No lo dudo. ¡Pero no se puede representar!

EL PADRE:

Claro, señor. Todo esto es una suposición. No digo que haya que escenificarlo por obligación. Como ve, de hecho, ella *(señala a la Hijastra)* ya no es la niñita de las trenzas.

LA HIJASTRA:

¡Y con un vestidito corto!

EL PADRE:

El drama viene ahora, señor. Nuevo y enrevesado.

LA HIJASTRA:

(Sombría, feroz, dando un paso adelante.) Apenas murió mi padre.

EL PADRE:

(Rápido, para no dejarla hablar.) ¡La miseria, señor! Volvieron a ella sin que yo me enterase. Fue por la mala cabeza de ella. *(Señala a La Madre.)* Casi no sabe ni escribir, ¡pero podía escribirme a través de la hija o de ese chico que estaban pasando por apuros!

LA MADRE:

A ver, señor, dígame si yo habría podido suponer que él abrigaba esos sentimientos.

EL PADRE:

Precisamente ese es tu error. ¡No haber supuesto jamás ninguno de mis sentimientos!

LA MADRE:

Después de tantos años alejados y de todo lo que había pasado…

EL PADRE:

¿Así que es culpa mía que ese buen hombre se los llevase? *(Dirigiéndose al Director.)* Ya le digo que fue de un día para otro..., porque había encontrado un trabajo en otro sitio. No pude seguirles el rastro, así que por lógica se apagó mi interés durante muchos años. El drama arde a su regreso, señor, imprevisto y violento; además que yo, por desgracia, llevado por las limitaciones de la carne que aún vive... ¡Ay! Miseria, de veras que es miseria la de un hombre solo que jamás ha deseado ataduras que lo corrompan. ¡No tan mayor como para prescindir de una mujer, pero tampoco tan joven como para ir tranquilamente y sin ninguna vergüenza en busca de una! ¿Miseria? Pero ¡qué estoy diciendo! Es un horror, un espanto porque ninguna mujer le dará amor. Y cuando uno comprende esto, debería cejar en su empeño... Bueno, señor, cualquiera se reviste de dignidad frente a los demás, de cara al exterior, pero en su interior sabe todo lo inconfesable que hay en su intimidad. Se cae, se cae en la tentación, para luego enderezarse con rapidez, a lo mejor un poco deprisa, para restituir entera y sólida, como una lápida sobre la sepultura, nuestra dignidad, para esconder y enterrar a nuestros propios ojos cualquier rastro y hasta el recuerdo del oprobio. ¡Así somos todos! ¡Solo falta el coraje para decir estas cosas!

LA HIJASTRA:

¡Porque en definitiva eso, de hacerlo, lo hacen!

EL PADRE:

¡Todos lo hacen! ¡Pero a hurtadillas! ¡Por eso se necesita valor para decirlo! Porque basta con que uno simplemente lo diga y está hecho. ¡Le dirán que es un cínico! Pero no es cierto, señor. Es como cualquiera. Incluso mejor. Es mejor porque no teme descubrir con la luz de la inteligencia el sonrojo de la vergüenza. Descubrirla allí, en su humana bestialidad, frente a la que siempre cierra los ojos para no verla. La mujer, ahí está, de hecho, ¿cómo es la mujer? Nos mira insinuante y coqueta. Atrápela y, en cuanto la estreche entre sus brazos, cerrará los ojos de inmediato. Es la señal de su rendición voluntaria. La señal con la que le indica al hombre: «¡Quédate, que yo ya lo estoy!».

LA HIJASTRA:

¿Y cuando no quiere seguir cerrándolos? ¿Cuando ya no siente la necesidad de ocultarse a sí misma, cerrando los ojos, el sonrojo de su vergüenza y, sin embargo, mira con los ojos secos e impasibles el sonrojo del hombre que, aun sin amor, ha quedado ciego? ¡Qué asco me producen todos estos galimatías intelectuales, esta filosofía que saca la bestia para luego salvarla y justificarla…! ¡No puedo seguir escuchándolo, señor! Porque cuando la vida se reduce a semejante «simplificación» bestial, apartando el compromiso «humano» de toda aspiración pura, de cualquier sentimiento puro, de ideales y deberes, del recato y la vergüenza, no hay nada más repugnante y despreciable que ciertos remordimientos. ¡Lágrimas de cocodrilo!

EL DIRECTOR:

¡Vayamos al grano! ¡Vayamos al hecho, señores! ¡Esto son solo circunloquios!

EL PADRE:

¡Vale, señor! Pero recuerde que un hecho es como un saco:

si está vacío no se tiene de pie. Para que se tenga en pie, para empezar es necesario que entren las razones y los sentimientos que lo han determinado. Yo no podía saber que, muerto aquel hombre y estando ellos en la miseria, para alimentar a sus hijos, ella *(señala a la Madre)* se pusiese a trabajar de modista y que fuese precisamente de esa… ¡de esa Madama Pace!

LA HIJASTRA:

¡Una modista fina, por si los señores necesitan saberlo! Servía supuestamente a las señoras de más copete, pero todo estaba dispuesto para que luego estas señoras le sirviesen a ella… sin perjuicio de las otras, que no eran tan dignas.

LA MADRE:

Señor, debe creerme si le digo que no se me pasó ni remotamente por la imaginación que esa víbora me daba trabajo porque le tenía echado el ojo a mi hija…

LA HIJASTRA:

¡Pobre mamá! Señor, ¿sabe qué es lo que hacía esa mujer cuando le llevaba los trabajos de mamá? Decía que mi madre derrochaba la tela que le daba para coser, así que iba restando y restando. Como comprenderá entonces, yo terminaba pagando mientras que mi pobre madre creía que estaba sacrificándose por mí y por esos dos, cosiendo los encargos de Madama Pace hasta que se hacía de noche.

Movimientos y exclamaciones de indignación de los Actores.

EL DIRECTOR:

(Rápidamente.) Y usted encontró allí a…

LA HIJASTRA:

(Señalando al Padre.) ¡A él, a él, sí, señor! ¡A un viejo cliente! ¡Mire qué escena para representar! ¡Fabulosa!

EL PADRE:

Con la aparición de ella, de la madre.

LA HIJASTRA:

(Rápidamente, con maldad.) ¡Casi a tiempo!

EL PADRE:

(Gritando.) ¡No! ¡Fue justo a tiempo! ¡Porque menos mal que la reconocí a tiempo! ¡Me llevé a todos a casa, señor! Figúrese ahora mi situación y la de ella, frente a frente. Ella, como la ve; yo, que soy incapaz de mirarla a los ojos.

LA HIJASTRA:

¡Absurdo! Señor, ¿se puede pretender que yo, después de «eso», me porte como una señorita modesta, bien educada y virtuosa, según sus malditas ambiciones a una «sólida salud moral»?

EL PADRE:

Aquí reside todo mi drama, señor:

en la conciencia que tengo. Como verá, todos nosotros nos creemos «únicos», pero eso no es verdad. Somos «muchos», señor. «Muchos» según las posibilidades de ser que hay en nosotros: «uno» con este, «uno» con aquel. ¡Muy diversos! Y entretanto con la ilusión de ser siempre «el mismo para todos» y siempre el mismo para cada uno en todos nuestros actos. ¡Y eso no es cierto! ¡No lo es! Sabemos muy bien que en todos nuestros actos, por alguna desafortunada circunstancia, nos quedamos sorprendidos y como en suspenso. ¡Y es que nos damos cuenta de que no estamos completos en ese acto y que, por eso, es injusto que nos juzguen únicamente por ese acto, que nuestra vida se circunscriba a ese acto, como si nada más se debiera a él! ¿Comprende ahora la perversidad de esta muchacha? Me ha pillado en un lugar, en un acto, en el cual y por el cual no debía conocerme, como yo no debía presentarme ante ella. Por ese motivo quiere achacarme una realidad que jamás habría deseado representar para ella. ¡Todo a causa de un momento efímero y deshonroso de mi vida! Esto, señor, esto es de lo que más me arrepiento. Y por eso mismo puede ver que el drama adquiere un gran valor. ¡Pero luego también está la situación de los demás! La suya... *(Señala al Hijo.)*

EL HIJO:

(Levantando los hombros desdeñosamente.) ¡A mí déjame tranquilo! ¡Yo no tengo nada que ver!

EL PADRE:

¿Ah, no?

EL HIJO:

¡No tengo nada que ver ni quiero tenerlo! ¡Sabes perfectamente que no me han creado para figurar entre vosotros!

LA HIJASTRA:

¡Nosotros, vulgares! ¡Él, muy fino! Pero mire, señor. Siempre que lo miro para mostrarle mi desprecio, él agacha la mirada porque sabe el daño quc me ha hecho.

EL HIJO:

(Casi sin mirarla.) ¡Yo!

LA HIJASTRA:

¡Sí, tú! ¡Tú! ¡Por tu culpa me quedé en la calle! ¡Por tu culpa! *(Reacción de horror entre los Actores.)* ¿Dime si con tu desprecio no imposibilitaste, ya no digo la intimidad del hogar, sino la discreción que hace sentir menos incómodos a quienes han sido recogidos? ¡Nos convertimos en los intrusos que llegaban para invadir el reino de tu «legitimidad»! Señor, si hubiese visto algunas discusiones entre nosotros dos. Dice que yo he tiranizado a todos. ¿Lo ve? Precisamente por su desprecio tuve que valerme de esa razón que él llama «ruin», la misma por la que entré en su casa como lo había hecho mi madre, que también es la suya, como si yo fuese la dueña.

EL HIJO:

(Avanzando con suma lentitud.) Señor, todos representan una buena obra, el papel sencillo de estar en mi contra. Pero usted imagina a un hijo que estaba tranquilo en su casa y tiene que ver cómo llega una señorita arrogante, de mirada engreída, que pregunta por su padre y a quien tiene que decirle no sé qué, para verla volviendo más tarde con esa pequeña de allí y, finalmente, verla pidiendo dinero al padre (quién sabe el motivo) de un modo equívoco y «apremiante», con un tono que da a entender que debe dárselo, ya que está obligado a hacerlo.

EL PADRE:

¡Pero de verdad que estaba obligado! ¡Por tu madre!

EL HIJO:

¡Y qué puedo saber de todo eso! ¿Cuándo he visto a esa mujer, señor? ¿Cuándo he oído hablar de ella? Un buen día la veo aparecer con ella *(señala a la Hijastra)* con ese chico, con esa niña, y me dicen: «¿Sabes? ¡Ella también es tu madre!». Por sus maneras *(señala otra vez a la Hijastra)* veo por qué han entrado en casa de un día para otro... Señor, lo que experimento y siento no puedo ni deseo expresarlo. Tal vez pueda confesarlo, pero no quiero hacerlo ni conmigo mismo. Por eso no puede caber posibilidad alguna, como ya ve, de que yo participe de ninguna manera. ¡Créame, señor, que soy un personaje no «acabado» hablando en términos teatrales, y que me siento mal, fatal, en compañía de ellos! ¡Déjenme a mi aire!

EL PADRE:

¿Qué dices? Pero si precisamente porque tú eres así…

EL HIJO:

(Violentamente irritado.) ¡Y tú qué sabes cómo soy! ¿Cuándo te has ocupado de mí?

EL PADRE:

¡Vale, está bien! Pero ¿no es esta también una situación dramática? Este distanciamiento tuyo, tan cruel conmigo como con tu madre, quien, recién vuelta a casa, te ve casi por primera vez ya tan mayor y no te reconoce, pero sabe que eres su hijo… *(Señala la Madre al Director.)* ¡Ahí tiene, mírela! ¡Está llorando!

LA HIJASTRA:

(Rabiosa, golpeando el suelo con el pie.) ¡Cómo una tonta!

EL PADRE:

(Señalándola rápidamente.) ¡Y ella no lo soporta! *(Se refiere de nuevo al Hijo.)* Dice que no quiere saber nada del asunto, pero ¡si él es el centro de la acción! Mire a ese chico, siempre pegado a la madre, miedoso, humillado… ¡Es así por culpa de él! A lo mejor la situación más triste sea la suya. Se siente más extraño que los otros. Y, pobrecito, sufre terriblemente por haber sido acogido en casa como si le hiciesen un favor. *(Aparte, discretamente.)* ¡Es como el padre! Es humilde, no habla…

EL DIRECTOR:

¡No crea que merece la pena! Ni se imagina los problemas que dan los críos en el escenario.

EL PADRE:

¡Él no le dará guerra! Y la niña, que incluso será la primera en marcharse…

EL DIRECTOR:

¡Perfecto! Le aseguro que todo esto me interesa y mucho. ¡Intuyo que hay de dónde sacar para hacer un magnífico drama!

LA HIJASTRA:

(Tratando de entrometerse.) ¡Y con un personaje como el mío!

EL PADRE:

(Apartándola, angustiado por lo que decida *El Director.)* ¡A callar!

EL DIRECTOR:

(Sigue su discurso, haciendo caso omiso de la interrupción.) Nuevo material, sí…

EL PADRE:

¡Novedoso! ¿A que sí?

EL DIRECTOR:

De todos modos, se necesita mucho valor para venir y soltarlo así…

EL PADRE:

Como comprenderá, señor, nacidos para el escenario…

EL DIRECTOR:

¿Son comediantes aficionados?

EL PADRE:

No, en absoluto. Si digo nacidos para el escenario es porque…

EL DIRECTOR:

¡No le creo! ¡Usted ha tenido que interpretar antes!

EL PADRE:

Pues no, señor. Cada cual interpreta el papel que se ha asignado a sí mismo o que le han asignado los demás en la vida. En mi caso es la pasión que siempre se vuelve un tanto teatral en cuanto se exalta, como a todos…

EL DIRECTOR:

¡Olvidémoslo!… Pero comprenda, estimado señor, que sin autor… Yo podría recomendarle alguno…

EL PADRE:

No, no… ¡Sea usted mismo el autor!

EL DIRECTOR:

¿Yo? Pero ¿qué dice?

EL PADRE:

¡Sí, usted! ¡Usted mismo! ¿Por qué no?

EL DIRECTOR:

¡Porque jamás he sido un autor!

EL PADRE:

Perdón, pero ¿no podría serlo ahora? No necesita nada especial. Muchos lo hacen. Su trabajo tiene la ventaja de que ya estamos todos aquí, en carne y hueso delante de usted.

EL DIRECTOR:

¡Pero eso no es suficiente!

EL PADRE:

¿Ah, no? Al vernos vivir nuestro drama…

EL DIRECTOR:

Sí, sí, pero es necesario alguien que lo escriba.

EL PADRE:

Más bien que lo transcriba, porque lo tiene delante de sus narices, en directo, escena por escena. Para empezar casi será suficiente con un borrador y ensayar.

EL DIRECTOR:

(Subiendo de nuevo al escenario, tentado.) Bueno..., casi me está tentando... Así, por jugar... Podríamos probar...

EL PADRE:

¡Por supuesto, señor! ¡Ya verá qué escenas! ¡Puedo sugerírselas ahora mismo!

EL DIRECTOR:

Me tienta... Me tienta. Hagamos una prueba... Acompáñeme a mi camerino. *(Dirigiéndose a los Actores.)* Descansen un rato, pero no se alejen demasiado. Estaremos de vuelta en un cuarto de hora o veinte minutos. *(Al Padre.)* A ver, probemos... Tal vez salga algo realmente extraordinario...

EL PADRE:

¡Seguro que sí! Pero ¿no cree que ellos deberían venir también? *(Señala a los demás Personajes.)*

EL DIRECTOR:

¡Que vengan entonces! *(Empieza a salir pero antes se dirigirá a los Actores.)* ¡Sean puntuales, eh! En quince minutos.

El Director y los Seis Personajes cruzan el escenario y desaparecen. Los Actores se quedan asombrados, mirándose entre sí.

EL ACTOR PROTAGONISTA:
¿Hablaba en serio? ¿Qué hará ahora?

EL ACTOR JOVEN:
¡Esto es simplemente una locura!

UN TERCER ACTOR:
¿Querrá que improvisemos un drama por las buenas?

EL ACTOR JOVEN:
¡Eso es! ¡Cómo improvisadores de la Comedia del Arte![9]

LA ACTRIZ PROTAGONISTA:
¡Ah, no! ¡Si cree que voy a prestarme a bromas así!...

LA ACTRIZ JOVEN:
¡Yo tampoco!

UN CUARTO ACTOR:
Lo que me gustaría saber es quiénes son esos. *(Alude a los Personajes.)*

EL TERCER ACTOR:
¿Y quién quieres que sean? ¡Chalados o estafadores!

EL ACTOR JOVEN:
¿Y el director se presta a escucharlos?

LA ACTRIZ JOVEN:
¡La vanidad! Es por la vanidad de ser un autor...

EL ACTOR PROTAGONISTA:
¡Sorprendente! Señores..., si el teatro termina quedando en esto...

UN QUINTO ACTOR:
¡A mí me divierte!

[9] La Comedia del Arte (*Commedia dell'Arte* en italiano) es tipo de teatro popular nacido a mediados del siglo XVI en Italia que se mantuvo hasta principios del siglo XIX.

EL TERCER ACTOR:

¡Bueno! Ya veremos en qué queda todo esto.

Conversando entre ellos de este modo, los Actores abandonan el escenario, algunos salen por la puertecita del fondo, otros vuelven a sus camerinos. El telón queda levantado. La representación se interrumpe durante veinte minutos.

El timbre avisará de que continúa la representación.

Desde los camerinos, por la puerta y también desde la sala, regresan al escenario los Actores, el Director de escena, el Tramoyista, el Apuntador y El Atrecista. Simultáneamente, llega desde el camerino el Director con los Seis Personajes.

Se apagan las luces de la sala y el escenario se ilumina como antes.

EL DIRECTOR:

¡Venga, vamos, señores! ¿Están todos? Atención, presten atención. ¡Empezamos!... ¡Tramoyista!

EL TRAMOYISTA:

¡Aquí estoy!

EL DIRECTOR:

Dese prisa y arregle la escena de la salita. Serán suficientes dos bastidores y un telón con la puerta. ¡Deprisa, por favor!

El Tramoyista correrá a hacerlo, mientras el Director se las arreglará con el Director de escena, el Atrecista, el Apuntador y los Actores para la representación inmediata, y ordenará ese simulacro de la escena indicada: dos bastidores y un telón con la puerta, con listones rojos y dorados.

EL DIRECTOR:

(Al Atrecista.) Mire si tenemos un diván en el almacén.

EL ATRECISTA:

Sí, señor. El verde.

LA HIJASTRA:

¿Verde? Era amarillo, con flores, de felpa y muy amplio, comodísimo.

EL ATRECISTA:

Eso no lo tenemos.

EL DIRECTOR:

Da igual. Traiga la que haya.

LA HIJASTRA:

¿Cómo que da igual? ¡Si es el famoso diván de Madama Pace!

EL DIRECTOR:

¡Es solo para el ensayo! Le ruego que no enrede. *(Al Director de escena.)* Mire si hay una vitrina alargada y baja.

LA HIJASTRA:

¡La mesita, la mesita de caoba para el sobre azul!

EL DIRECTOR DE ESCENA:

(Al Director.) Hay uno pequeño y dorado.

EL DIRECTOR:

Está bien. ¡Tráigalo!

EL PADRE:

Un tocador.

LA HIJASTRA:

¡Y el biombo! Un biombo, por favor. Si no, ¿cómo lo haré?

EL DIRECTOR DE ESCENA:

Sí, señora, sí. Tenemos muchos biombos, tranquila.

EL DIRECTOR:

(A La Hijastra.) Y unos percheros, ¿no?

LA HIJASTRA:

¡Sí, muchos, muchos!

EL DIRECTOR:

(Al Director de escena.) Mire cuántos hay y tráiganlos.

EL DIRECTOR DE ESCENA:

¡Yo me ocupo! *(El Director de escena también correrá por lo suyo. Entretanto, el Director sigue hablando con el Apuntador y luego con los Personajes y los Actores. El Director de escena hará que lleven el mobiliario solicitado por los Ayudantes de escena y lo ordenará como le parezca mejor.)*

EL DIRECTOR:

(Al Apuntador.) Usted, vaya a su sitio mientras tanto. Tenga, este es el borrador de las escenas, acto por acto. *(Le entrega unas cuartillas.)* Pero ahora háganos un favor.

EL APUNTADOR:

¿Taquigrafiar?

EL DIRECTOR:

(Alegremente sorprendido.) ¡No me diga que sabe taquigrafía!

EL APUNTADOR:

Puede que no sea un buen apuntador, pero la taquigrafía…

EL DIRECTOR:

¡Miel sobre hojuelas! *(A uno de los Ayudantes de escena.)* Vaya a mi camerino y recoja todo el papel que encuentre. Cuanto más, mejor.

El Ayudante de escena se va corriendo y poco después regresa con una gran cantidad de papeles, que le entrega al Apuntador.

EL DIRECTOR:

(Al Apuntador.) Siga las escenas conforme vayan representándose y trate de anotar los diálogos, al menos los más importantes. *(Luego a los Actores.)* ¡Aparten, señores! Eso es, pónganse a este lado *(señala a su izquierda)* ¡y presten mucha atención!

LA ACTRIZ PROTAGONISTA:

Perdón, pero nosotros…

EL DIRECTOR:

(Previniéndola.) ¡Tranquila! ¡No tendrán que improvisar!

EL ACTOR PROTAGONISTA:

¿Qué hacemos entonces?

EL DIRECTOR:

¡Nada! De momento solo miren y escuchen. Después cada uno tendrá su papel debidamente escrito. Ahora ensayaremos como salga. ¡Lo harán ellos! *(Señala a los Personajes.)*

EL PADRE:

(Sorprendido entre la confusión del escenario.) ¿Nosotros? ¿Qué es eso de un ensayo?

EL DIRECTOR:

Un ensayo. ¡Un ensayo para ellos! *(Señala a los Actores.)*

EL PADRE:

Pero si nosotros somos los personajes…

EL DIRECTOR:

Claro, ustedes son «los personajes» Pero aquí, mi buen amigo, no actúan los personajes, sino los actores. Los personajes están allí, en el guion *(señala al foso del Apuntador)*, ¡cuando tengamos un guion!

EL PADRE:

¡Por eso mismo! Como no lo hay y tienen la suerte de tener delante de ustedes a los personajes vivos…

EL DIRECTOR:

¡Estupendo! ¿Entonces prefieren hacerlo todo ustedes? ¿Actuar y presentarse ustedes ante el público?

EL PADRE:

Por supuesto, tal y como somos.

EL DIRECTOR:

¡Ah! ¡Le aseguro que darían un espectáculo magnífico!

EL ACTOR PROTAGONISTA:

¿Entonces qué pintamos nosotros aquí?

EL DIRECTOR:

¡No creerán que vayan a representar los papeles! Si son de risa… *(Los Actores se reirán.)* ¡Ahí los tiene, mire, se ríen! *(Recordando.)* ¡Por cierto! Será necesario asignar los papeles. Es sencillo. Ya están asignados por sí solos. *(A la Segunda Actriz.)* Usted será la madre. *(Al Padre.)* Habrá que ponerle un nombre.

EL PADRE:

Amalia, señor.

EL DIRECTOR:

Pero así se llama su mujer. ¡No querrá que la llamen por su nombre real!

EL PADRE:

¿Y por qué no si se llama así? Aunque, bueno, si tiene que representarlo la señora… *(Señala brevemente con la mano a la Segunda Actriz.)* Señor, yo la veo a ella *(señala a la Madre)* como Amalia. Pero haga lo que… *(Se azora cada vez más.)* No sé qué decirle… Empiezo… No sé, empiezo a sentir que mis propias palabras son falsas, que tienen otro sonido.

EL DIRECTOR:

¡Olvídese de eso! Nosotros nos ocuparemos de dar con el tono adecuado. Si es por el nombre, si prefiere «Amalia», será Amalia, o buscaremos otro. De momento designaremos a los personajes así *(al Actor joven)* usted, el hijo; *(a la Actriz Protagonista)* usted, la señorita. La hijastra, se supone.

LA HIJASTRA:

(Risueña.) ¿Cómo? ¿Yo, esa? *(Rompe a reír.)*

EL DIRECTOR:

(Furioso.) ¿Qué le provoca tanta risa?

LA ACTRIZ PROTAGONISTA:

(Indignada.) ¡Nadie se ha atrevido nunca a reírse de mí! ¡O me respetan o me voy!

LA HIJASTRA:

No me malinterprete. No me río de usted.

EL DIRECTOR:

(A La Hijastra.) Debería sentirse honrada por ser representada por…

LA ACTRIZ PROTAGONISTA:
(Rápida y con desdén.) «¡Esa!».

LA HIJASTRA:
Pero si no lo decía por usted, de veras. Lo decía por mí, que no me veo en usted. No sé, es que… ¡no nos parecemos en nada!

EL PADRE:
¡Eso es! A ver, señor. Nuestra expresión…

EL DIRECTOR:
Pero ¿qué expresión? ¿Creen que ya la tienen puesta? ¡Para nada!

EL PADRE:
¡Cómo! ¿Que no tenemos expresión?

EL DIRECTOR:
¡Para nada! Su expresión se materializa aquí porque le dan cuerpo y figura, voz y gesto los actores, quienes con su destreza han sabido expresar materias incluso más altas. Por pequeña que sea su expresión, se sostendrá en la escena, créame, solo gracias al mérito de mis actores.

EL PADRE:
No me atrevo a contradecirlo, señor. Pero es realmente indignante para nosotros que nos vean así, con estos cuerpos y figuras…

EL DIRECTOR:
(Cortándolo, impaciente.) Eso se corrige con maquillaje, amigo mío, con maquillaje, tratándose de la figura.

EL PADRE:
Sí, pero la voz y el gesto…

EL DIRECTOR:

¡Seré sincero! ¡Usted, según es, imposible! ¡Aquí tenemos al actor que lo representa y se acabó!

EL PADRE:

Ya veo, señor. Pero tal vez ahora sospecho también por qué nuestro autor, que nos vio vivos como somos, no quiso adaptarnos a la escena. No pretendo ofender a sus actores. ¡Dios me libre! Pero me parece que verme representado... no sé por quién...

EL ACTOR PROTAGONISTA:

(Con arrogancia, levantándose y acercándosele, seguido por las actrices jóvenes, que ríen.) Por mí, si no le importa.

EL PADRE:

(Humilde y melifluo.) Es un honor, señor. *(Se inclina.)* Pero me parece que por muy dispuesto que esté el señor a representarme con su mejor voluntad y su arte... *(Se turba.)*

EL ACTOR PROTAGONISTA:

Termine, vamos...

Risas de los Actores.

EL PADRE:

Decía que la representación que dará, aunque fuerce el parecido con el maquillaje, más bien digo... con su estatura... *(todos los Actores se ríen)* difícilmente podrá representarme como soy en realidad. Como mucho será..., aparte de la figura, será como me represente usted, como me sienta —si es que consigue sentirme— y no como yo me siento en mi interior. Y creo que quien venga a juzgarnos debería tener en cuenta esto.

EL DIRECTOR:

¿Piensa ahora en los juicios de la crítica? ¡Y yo haciéndole caso! Deje que la crítica diga lo que le venga en gana. Nosotros vamos a montar la comedia, ¡si es que podemos! *(Apartándose y mirando a su alrededor.)* ¡Venga, vamos! ¿Está ya preparada la escena? *(A los Actores y los Personajes.)* ¡Vamos, muévanse de aquí! Necesito ver bien. *(Baja del escenario.)* ¡No perdamos más tiempo! *(A La Hijastra.)* ¿Le parece bien la escena así como está?

LA HIJASTRA:

Yo, la verdad, es que no me siento identificada.

EL DIRECTOR:

¡Seguimos igual! ¡No querrá que reproduzca la trastienda de Madama Pace con todo detalle! *(Al Padre.)* ¿Me dijo un tapizado de flores?

EL PADRE:

Sí, señor. Y blanco.

EL DIRECTOR:

No es blanco, sino con rayas. ¡Pero no importa demasiado! En cuanto a los muebles, parece que estamos listos más o menos. Esa mesita, adelántenla un poco más. *(Los Ayudantes de escena lo hacen de inmediato. Al Atrecista.)* Entretanto, usted consíganos un sobre, a ser posible azul, y déselo al señor. *(Señala al Padre.)*

EL ATRECISTA:

¿Un sobre de correspondencia?

EL DIRECTOR y EL PADRE:

Sí, sí. . .

EL ATRECISTA:

¡Ahora mismo! *(Sale.)*

EL DIRECTOR:

¡Venga, vamos! La primera escena es de la señorita. *(La Actriz Protagonista se acerca.)* ¡Usted espere! Me refería a la señorita. *(Señala a La Hijastra.)* Usted simplemente mirará...

LA HIJASTRA:

(Acotando rápidamente.) ...¡de qué manera la vivo yo!

LA ACTRIZ PROTAGONISTA:

(Disgustada.) ¡Yo también sabré vivirla, no le quepa duda, en cuanto empiece a actuar!

EL DIRECTOR:

(Con las manos en la cabeza.) ¡Ya está bien de discutir! Entonces la primera escena es de la señorita con Madama Pace. ¡Oh! *(Se azora, mirando a su alrededor y sube de nuevo al escenario.)* ¿Y la tal Madama Pace?

EL PADRE:

No ha venido con nosotros, señor.

EL DIRECTOR:

Y ¿qué hacemos ahora?

EL PADRE:

¡Pero ella también vive!

EL DIRECTOR:

Muy bien... Pero ¿dónde?

EL PADRE:

Yo me ocupo. *(Dirigiéndose a las Actrices.)* Si tuviesen la bondad de dejarme un momento sus sombreros.

LAS ACTRICES:

(Un tanto sorprendidas, riéndose en coro.)

—¿Cómo?

—¿Los sombreros?

—Pero ¿qué dice?

—¿Para qué?

—¡Míralo!

EL DIRECTOR:

¿Qué va a hacer con los sombreros de las señoras?

Los Actores ríen.

EL PADRE:

Nada, nada…, nada. Simplemente, dejarlos un momento en estos percheros. Además, alguna debería tener la bondad de dejarme su abrigo.

LOS ACTORES:

—¿También el abrigo?

—¿Y luego?

—¡Tiene que estar chalado!

ALGUNA DE LAS ACTRICES:

—¿Por qué?

—¿Solo el abrigo?

EL PADRE:

Para colgarlo un momentito solamente… Tengan la bondad. ¿Pueden?

LAS ACTRICES:

(Quitándose los sombreros y algunas los abrigos siguen riendo y se acercan por aquí y por allá a los percheros.)

—¿Y por qué no?

—¡Aquí está!

—¡Esto es una broma!

—¿Quiere hacer una exposición?

EL PADRE:

Así, señora. Así, expuestos.

EL DIRECTOR:

¿Se puede saber para qué?

EL PADRE:

Lo verá enseguida, señor. Porque, tal vez, si se prepara mejor la escena y se adapta con los mismos objetos de su negocio, puede que aparezca entre nosotros... *(Invitando a mirar hacia la puerta del fondo del escenario.)* ¡Miren! ¡Miren!

La puerta del fondo se abre y se acerca Madama Pace. Es una vieja grandota, con una ostentosa peluca de lana color zanahoria y una flamante rosa española a un lado. Va pintarrajeada, vestida con la elegancia vulgar de un vestido de seda rojo chillón, con un abanico de plumas en una mano y sosteniendo entre los dedos índice y corazón de la otra un cigarrillo encendido. En cuanto aparece, los Actores y el Director gritan espantados y salen del escenario, abalanzándose hacia las escaleritas, huyendo por el pasillo. Sin embargo, la Hijastra se apresura con humildad hacia Madama Pace, como si ella fuese su tutora.

LA HIJASTRA:

(Acercándose.) ¡Aquí está! ¡Ha llegado!

EL PADRE:

(Animado.) ¡Es ella! ¿No lo había dicho? ¡Aquí está!

EL DIRECTOR:

(Superando la primera impresión, indignado.) ¿Qué trucos son estos?

EL ACTOR PROTAGONISTA:

(Casi simultáneamente.) Mejor dicho, ¿en dónde estamos?

EL ACTOR JOVEN:
¿De dónde ha salido esa?

LA ACTRIZ JOVEN:
¡Estaban guardándosela!

LA ACTRIZ PROTAGONISTA:
¡Estos son juegos de prestidigitación!

EL PADRE:
(Aplacando las protestas.) ¡Perdonen! Pero ¿por qué quiere estropear en nombre de una verdad pedestre este milagro de una realidad que nace evocada, atraída y formada por la escena misma, que tiene más derecho a vivir aquí que ustedes, pues es más verdadera que ustedes? ¿Cuál de las actrices podrá representar a Madama Pace? Bueno, ¡Madama Pace es ella! Al menos reconocerán que la actriz que represente su papel nunca será tan auténtica, pues es ella misma en persona. ¡Miren! Mi hija la ha reconocido y ha ido hacia ella corriendo! ¡Quédense, quédense y vean la escena!

El Director y los Actores suben de nuevo al escenario vacilando. Pero la escena entre la Hijastra y Madama Pace, durante la protesta de los Actores y la respuesta del Padre, habrá comenzado, cuchicheada, lentamente, sobre todo de manera espontánea, como no se podría lograr sobre un escenario. Así pues, cuando el Padre haya llamado la atención a los Actores, se volverán a mirar y verán a Madama Pace, que ha tomado de la barbilla a la Hijastra para levantarle la cara, escuchándola hablar de un modo incomprensible. Entonces se quedarán un momento atentos. Luego, casi de inmediato, se sentirán defraudados.

EL DIRECTOR:
¿Y bien?

EL ACTOR PROTAGONISTA:

Pero ¿qué dice?

LA ACTRIZ PROTAGONISTA:

¡Así no se oye nada!

EL ACTOR JOVEN:

¡Más alto! ¡Más alto!

LA HIJASTRA:

(Dejando un momento a Madama Pace, que sonríe con un gesto inigualable, se acerca al grupo de Actores.) «Más alto» ¡Claro que sí! ¿Cuánto más alto? ¡No son cosas que puedan contarse en voz alta! Yo he podido contarlas en alto para avergonzarlo *(señala al Padre)*, ¡y para vengarme! Pero para Madama Pace implica otra cosa: ¡la cárcel!

EL DIRECTOR:

¡Ah, guapa! ¡Solo nos faltaba eso! ¡Aquí hay que oír lo que se dice! ¡Ni siquiera nosotros podemos oírla y eso que estamos en el escenario! ¡Figúrense cuando el público esté en las butacas! Hay que hacer la escena como es debido. Además, pueden hablar en voz alta sin problema porque no estaremos aquí en el escenario, como ahora, atendiendo. Imaginen que están a solas en una habitación, en la trastienda, y que nadie las oye.

La Hijastra, con cierta picardía, sonriendo maliciosamente, hace varias veces un gesto negativo con el dedo.

EL DIRECTOR:

¿Qué es eso de que no?

LA HIJASTRA:

(Susurrando enigmáticamente.) Hay alguien que puede oírnos, señor, si ella *(señala a Madama Pace)* hablase alto.

EL DIRECTOR:

(Consternado.) ¿Es que va a aparecer alguien más?

Los Actores se dispondrán a abandonar el escenario una vez más.

EL PADRE:

No, no, señor. Habla de mí. Yo debo estar allí, detrás de la puerta, aguardando, y Madama lo sabe. Más bien, si me lo permiten, me voy ahora mismo. *(Va a irse.)*

EL DIRECTOR:

(Deteniéndolo.) ¡No, espere! ¡Aquí se deben respetar las exigencias del teatro! Antes de que esté listo…

LA HIJASTRA:

(Interrumpiendo.) ¡Vamos, rápido! Como le dije, me muero por vivir, por ver esta escena. Si está listo, yo también.

EL DIRECTOR:

(Gritando.) Primero debe quedar clara la escena entre usted y esa señora. *(Señala a Madama Pace.)* ¿Quiere entenderlo de una vez?

LA HIJASTRA:

¡Dios mío, señor! Ya sabe usted lo que ella me ha dicho: que el trabajo de mamá está mal hecho otra vez, que ha malgastado la tela y debo tener paciencia si quiero que siga ayudándonos en nuestra miseria.

MADAMA PACE:

(Adelantándose con aire imponente.) Cherto, siñore, porque yo non quiero aproffitarmi, sacare ventaja...[10]

EL DIRECTOR:

(Casi aterrado.) ¿Qué es esto? ¿Habla así?

Todos los Actores estallarán en carcajadas.

LA HIJASTRA:

(También riendo.) Sí, señor, habla así, mitad italiano y español, de una forma divertidísima.

MADAMA PACE:

¡Non mi pareche de buono gusto que se ridano de mí por fare el esfuerzo de parlare españolo, señor!

EL DIRECTOR:

¡No, para nada! ¡Es más! ¡Hable así, continúe así, señora! ¡Es muy efectista! No podría haber un modo mejor de romper cómicamente la crueldad de la situación. Hable, hable así. ¡Es perfecto!

LA HIJASTRA:

¡Muy bien! ¿Por qué no? ¡Seguro que impactará oír cómo le hacen a una ciertas propuestas porque casi parece una burla! Da risa oír cómo le dicen a uno que hay un «siñor vieco» que quiere «facherte alguni mimos» ¿A que sí, Madame Pace?

MADAMA PACE:

Ecco, uno viequito, bella. Pero eso e mellor para ti. Si no te gusta, al menos ti ayutará.

---

[10] En el original este personaje trata de hablar italiano, pero lo hace mezclado con el español (*Eh cià, señor; porqué yò nó quero aproveciarme... avantaciarme...*). En la traducción se ha tratado de hacerlo con una especie de español italianizado siempre que hable este personaje.

LA MADRE:

(Reapareciendo ante el pasmo y la consternación de los Actores, que no habían reparado en ella e intentan apartarla de Madama Pace entre gritos y risas, puesto que para entonces ya le habrá arrancado la peluca y la habrá arrojado al suelo.) ¡Bruja! ¡Arpía asesina! ¡Es mi hija!

LA HIJASTRA:

(Corre a contener a La Madre.) ¡No, mamá, no! ¡Por favor!

EL PADRE:

(Acudiendo también.) ¡Calma, tranquila! ¡Mejor siéntate!

LA MADRE:

¡Sáquenla de aquí ahora mismo!

LA HIJASTRA:

(Al Director, que también ha acudido.) ¡No puede ser, mamá no puede mirar todo esto!

EL PADRE:

(Dirigiéndose también al Director.) ¡No pueden estar juntas! Por eso, cuando llegamos, esa señora no venía con nosotros. Si están juntas, es inevitable que se precipite todo.

EL DIRECTOR:

¡No importa! ¡Es igual! De momento es como un primer bosquejo. Todo sirve para que, incluso así, yo pueda recoger vagamente varios elementos. *(Dirigiéndose a la Madre y haciendo que vuelva a sentarse en su sitio.)* A ver, señora, quédese quieta y siéntese de nuevo.

Mientras, la Hijastra, colocándose en medio de la escena, habla a Madama Pace.

LA HIJASTRA:

Dígame, Madama, dígame. ¿Entonces?

MADAMA PACE:

(Agraviada.) No, no. ¡Grachie muchas! Yo cuí no facho piú de nada se la tua madre e presente.

LA HIJASTRA:

Déjelo. Haga pasar al «siñor vieco» que quiere «hacerme alguni mimos» *(Se volverá imperiosamente hablando a los presentes.)* En definitiva, ¡hay que representar esta escena! ¿A qué esperan? ¡Vamos! *(A Madama Pace)* ¡Puede irse!

MADAMA PACE:

Mi voy, mi marchio, senza problema... *(Sale airada recogiendo la peluca y mirando ferozmente a los Actores, que aplauden con sorna.)*

LA HIJASTRA:

(Al Padre.) ¡Y usted haga su entrada! ¡No tiene que dar la vuelta! ¡Venga! Finja que ha entrado. Eso es. Yo me quedo aquí con la cabeza gacha, recatada. ¡Vamos! ¡Hable! Dígame con voz de recién llegado, de un extraño:

«Buenos días, señorita...».

EL DIRECTOR:

(Que ha bajado del escenario.) ¡Será posible! Hablando claro, ¿dirige usted o yo? *(Al Padre que observa quieto, perplejo.)* Continúe, sí. Vaya al fondo, sin salir y vuelva hacia delante.

Afligido, el Padre hará lo que le indican. Está muy pálido, pero se inviste de la realidad de su vida creada. Sonríe una vez en el fondo del escenario, como aún lejos del drama que está a punto de abatirse sobre él.

Los Actores prestan de inmediato mucha atención a la escena siguiente.

EL DIRECTOR:

(Susurrando deprisa al Apuntador en el foso.) ¡Y usted atento, listo para escribir, ahora mismo!

LA ESCENA

EL PADRE:

(Acercándose con una voz nítida.) Buenos días, señorita.

LA HIJASTRA:

(La cabeza gacha, con asco reprimido.) Buenos días.

EL PADRE:

(La observa un momento, bajo el sombrerito que le oculta casi toda la cara, intuyendo que ella es muy joven, y exclama asombrado, un poco por satisfacción y también por temor a comprometerse en una aventura arriesgada.) Pero… ¿No será esta la primera vez que…, que viene aquí? No es así, ¿verdad?…

LA HIJASTRA:

No, señor.

EL PADRE:

¿Ha venido más veces? *(A lo que la Hijastra asiente con la cabeza.)* ¿Más de una? *(Aguarda un rato la respuesta, la espía de nuevo bajo el sombrerito, sonríe y dice.)* Entonces… No debería sentirse así… ¿Me permite que le quite el sombrero?

LA HIJASTRA:

(Rápido para evitarlo, pero conteniendo el asco.) No, señor. ¡Ya me lo quito yo! *(Lo hará deprisa, azorada.)*

La Madre, que asiste a la escena con el Hijo y los otros dos niños, que permanecen junto a ella, colocados en el lado opuesto de los Actores, se mantiene en vilo, con gesto de dolor, desdén, ansiedad y horror por las palabras y los actos del Padre y La Hijastra. También oculta a ratos la cara o profiere algún lamento.

LA MADRE:

¡Dios mío! ¡Ay, Dios mío!

EL PADRE:

(Debido al lamento, se queda rígido un momento, luego sigue con el tono anterior.) Deje que yo lo cuelgue. *(Le quita el sombrerito de las manos.)* Pero una hermosa cabecita como la suya debería llevar un sombrero más digno de usted. ¿Querrá ayudarme luego a escogerle alguno entre los que tiene Madama? ¿Sí?

LA ACTRIZ JOVEN:

(Interrumpe.) ¡Eh, cuidado! ¡Esos sombreros son nuestros!

EL DIRECTOR:

(Rápido, enfurecido.) ¡Cállese, por Dios! ¡No se haga la graciosa! ¡Estamos en mitad de la escena! *(Se dirige a La Hijastra.)* Siga, por favor, no pare.

LA HIJASTRA:

(Prosigue.) No, gracias, señor.

EL PADRE:

¡Venga! ¡No me diga que no! Tiene que aceptármelo. Me sentiría triste... Mire que algunos son muy bonitos, ¡mire! Además, eso alegrará a Madama. ¡Los pone aquí adrede!

LA HIJASTRA:

No, señor. Es que ni siquiera podría llevarlo.

EL PADRE:

¿Lo dice tal vez por lo que dirán cuando la vean volver a casa con un sombrero nuevo? Usted tranquila. ¿Sabe qué debe hacer, lo que debe decir en casa?

LA HIJASTRA:

(Arrebatada, sin contenerse.) ¡No es por eso, señor! No podría llevarlo, porque soy…, como puede ver…, ¡debería haberlo notado! *(Le muestra su luto.)*

EL PADRE:

¡Está de luto! Es verdad. Le pido perdón. Me siento avergonzado, perdóneme.

LA HIJASTRA:

(Armándose de valor incluso para superar al menosprecio y la náusea.) ¡Basta ya, señor! Soy yo quien debe agradecérselo y no usted quien debe mortificarse o sentirse apenado. Por favor, olvide lo que he dicho. También yo, como comprenderá… *(Trata de sonreír y añade)* No debo pensar más en cómo voy vestida.

EL DIRECTOR:

(Interrumpe y mira al Apuntador en el foso mientras sube al escenario.) ¡Espere un momento! ¡No escriba más, pare en esta última frase! *(Se dirige al Padre y a La Hijastra.)* ¡Muy bien! ¡Muy bien! *(Luego solo al Padre.)* Usted seguirá como hemos acordado. *(A los Actores.)* Maravillosa la escena del sombrerito, ¿no creen?

LA HIJASTRA:

¡Lo mejor está por llegar! ¿Por qué no continuamos?

EL DIRECTOR:

¡Tenga un poco de paciencia! *(Se dirige de nuevo a los Actores.)* Hay que tratarla con algo de ligereza.

EL ACTOR PROTAGONISTA:

De desenvoltura, sí...

LA ACTRIZ PROTAGONISTA:

¡No se necesita nada más! *(Al Actor Protagonista.)* Podríamos ensayarla ahora mismo, ¿no?

EL ACTOR PROTAGONISTA:

¡Por mí!... Ya está, me preparo para hacer mi entrada. *(Sale entrar de nuevo por la puerta del fondo.)*

EL DIRECTOR:

(A La Actriz Protagonista.) Vale, fíjese bien ahora. Ha terminado ya la escena entre usted y Madama Pace, que ya me encargaré de escribir. Usted debe quedarse... ¿A dónde va?

LA ACTRIZ PROTAGONISTA:

Un momento, que me pongo el sombrero... *(Va a tomarlo del perchero.)*

EL DIRECTOR:

¡Vale, muy bien! Entonces usted se queda aquí con la cabeza inclinada.

LA HIJASTRA:

(Divirtiéndose.) ¡Pero si no viste de negro!

LA ACTRIZ PROTAGONISTA:

¡Ya lo haré y mucho mejor que usted!

EL DIRECTOR:

(A La Hijastra.) ¡Por favor, calle y limítese a mirar! ¡Tiene mucho que aprender! *(Da palmadas.)* ¡Adelante, vamos! ¡Haga su entrada! *(Y baja del escenario para tener una mejor visión de la escena).*

Se abre la puerta del fondo y se acerca el Actor Protagonista con el aire desenvuelto y taimado de un viejo donjuán. La representación de la escena,

contemplada por los Actores, desde el principio es muy diferente de una parodia. Es una copia exacta del drama. Como es lógico, la Hijastra y el Padre no se identifican con la Actriz Protagonista ni con el Actor Protagonista al oírlos repetir sus palabras. Lo expresan de varias maneras, con gestos, sonrisas o con protestas explícitas por las expresiones de sorpresa, asombro y sufrimiento, entre otras, que reciben, como se ve a continuación. Se oye claramente la voz del Apuntador, situado en el foso.

EL ACTOR PROTAGONISTA:

«Buenos días, señorita…».

EL PADRE:

(De inmediato, sin poder contenerse.) ¡No y no!

Al ver entrar así al Actor Protagonista, la Hijastra prorrumpe en carcajadas.

EL DIRECTOR:

(Furioso.) ¡Silencio! ¡Y usted deje ya de reírse! ¡Así no podemos avanzar!

LA HIJASTRA:

(Se acerca al tablado.) Perdón, pero no puedo evitar reírme, señor. La señorita *(señala a la Actriz Protagonista)* se queda quieta donde está. De haber sido yo, puedo asegurarle que si alguien me dice «buenos días» así y en ese tono, me habría dado la risa, tal como ha ocurrido.

EL PADRE:

(Acercándose también un poco.) ¡Es eso!… El aire, el tono…

EL DIRECTOR:

¡Pero qué aire y qué tono! ¡Ahora pónganse a un lado y déjenme ver el ensayo!

EL ACTOR PROTAGONISTA:
(Avanza.) Si tengo que representar a un viejo que va a una casa de citas...

EL DIRECTOR:
¡No haga caso, por favor! ¡Repítalo, repítalo, que estaba muy bien! *(Aguardando a que el actor lo repita.)* ¿Decía?...

EL ACTOR PROTAGONISTA:
«Buenos días, señorita...».

LA ACTRIZ PROTAGONISTA:
«Buenos días...».

EL ACTOR PROTAGONISTA:
(Repite el gesto del Padre, de curiosear debajo del sombrerito, pero expresando a continuación de una manera totalmente distinta la complacencia y el temor.) «¡Ah!... Pero... ¿No será esta la primera vez que...? Espero que no...».

EL PADRE:
(No se resiste a corregir.) ¡Nada de «¿Espero que no?», sino «No es así, ¿verdad?».

EL DIRECTOR:
Dice «No, ¿verdad?», como si preguntase.

EL ACTOR PROTAGONISTA:
(Mira al Apuntador.) Yo he oído «Espero que no...».

EL DIRECTOR:
¡Pero si es lo mismo! «No, ¿verdad?» que «Espero que no...» Usted siga, siga. Tal vez un poco menos enfático. Mire cómo lo hago yo, observe... *(Sube al escenario y repite el papel desde la entrada.)* «Buenos días, señorita...»

LA ACTRIZ PROTAGONISTA:

«Buenos días».

EL DIRECTOR:

«¡Ah!... Pero...» *(Se dirige al Actor Protagonista para hacerle notar cómo ha observado a la Actriz Protagonista bajo el sombrerito.)* Sorpresa..., temor y complacencia... *(Luego, retomando el discurso, se dirige a La Actriz Protagonista.)* «¿No será esta la primera vez que..., que viene aquí? No, ¿verdad?». *(Se dirige nuevamente con una mirada aguda al Actor Protagonista.)* ¿Me explico? *(A La Actriz Protagonista.)* Y ahora usted: «No, señor» *(De nuevo, al Actor Protagonista.)* En fin, ¿cómo debo decirlo? *Souplesse!*[11] *(Y bajará de nuevo del escenario.)*

LA ACTRIZ PROTAGONISTA:

«No, señor...».

EL ACTOR PROTAGONISTA:

«¿Ha venido otras veces? ¿Más de una?»

EL DIRECTOR:

¡No, no, espere! Deje primero que ella *(señala a la Actriz Protagonista)* asienta con la cabeza. «¿Ha venido otras veces?»

La Actriz Protagonista levanta un poco la cabeza, entorna los ojos con disgusto y, tras una seña del Director, asiente dos veces con la cabeza.

LA HIJASTRA:

(Sin poder contenerse.) ¡Por Dios! *(Y se tapa corriendo la boca para contener la risa.)*

EL DIRECTOR:

(Da media vuelta.) ¿Y ahora qué?

[11] Soltura (en francés en el original).

LA HIJASTRA:
(Rápidamente.) ¡Nada, nada!

EL DIRECTOR:
(Al Actor Protagonista.) ¡Continúe, vamos!

EL ACTOR PROTAGONISTA:
«¿Más de una vez?... Entonces... No debería sentirse así... ¿Me deja que le quite el sombrero?

El Actor Protagonista dice estas últimas frases en un tono y con un movimiento tales que la Hijastra, aún con la boca cubierta con las manos, por mucho que intente reprimirse, no es capaz de contener la risa, que estalla ruidosamente entre sus dedos.

LA ACTRIZ PROTAGONISTA:
(Indignada, regresando a su sitio, aparte.) ¡No voy a permitir que esa de ahí se burle de mí!

EL ACTOR PROTAGONISTA:
¡Ni yo! ¡Se acabó!

EL DIRECTOR:
(Grita a La Hijastra.) ¡Pare ya de una vez!

LA HIJASTRA:
Sí, sí... Perdón, perdón...

EL DIRECTOR:
¡Es usted una grosera! ¡Eso es lo que es! ¡Una vanidosa!

EL PADRE:
(Tratando de mediar.) Sí, señor. Tiene la razón. Pero perdónela...

EL DIRECTOR:
(Vuelve al escenario.) ¡Pero qué voy a perdonar! ¡Es un insulto!

EL PADRE:

Sí, señor, pero créame, de veras... Es que hace un efecto un poco raro...

EL DIRECTOR:

¿Raro? ¿Qué resulta raro y por qué?

EL PADRE:

Señor, admiro a sus actores y a este caballero *(señala al Actor Protagonista)*, a la señorita *(señala a la Actriz Protagonista)*, pero, la verdad es que... no son nosotros...

EL DIRECTOR:

¡Lo duda! ¿Cómo van a ser «ustedes» si son los actores?

EL PADRE:

Pues por eso. ¡Por los actores! Representan muy bien nuestros papeles. Pero nos parece otra cosa, que trata de ser la misma y no lo es.

EL DIRECTOR:

¿Cómo que no es? ¿Qué es entonces?

EL PADRE:

Algo que... viene de ellos y ya no es nuestro.

EL DIRECTOR:

¡Eso es inevitable! ¡Ya se lo advertí!

EL PADRE:

Ya veo, ya...

EL DIRECTOR:

Entonces, ¡basta de lo mismo! *(Se dirige a los Actores.)* Ya ensayaremos después solo entre nosotros, como tiene que ser. ¡Siempre ha sido una peste ensayar junto a los autores! ¡Nada les gusta! *(Se dirige al Padre y a La Hijastra.)* Empecemos otra vez con ustedes. Y espero que esta vez usted no vuelva a reírse.

LA HIJASTRA:

¡No me reiré más, de veras! Ahora viene lo mejor para mí. ¡Se lo aseguro!

EL DIRECTOR:

Entonces, cuando dice: «Por favor, no haga caso de lo que he dicho. También yo, como comprenderá…» *(Se dirige al Padre.)* Usted debe responder de inmediato: «Lo entiendo, lo entiendo…» y que pregunte inmediatamente…

LA HIJASTRA:

(Interrumpe.) ¡Qué!…

EL DIRECTOR:

¡El motivo de su luto!

LA HIJASTRA:

¡No, señor! A ver, cuando le dije que no se fijase en cómo vestía, ¿sabe lo que respondió? «¡Pues quitémosle ahora mismo ese vestidito!».

EL DIRECTOR:

¡Espléndido! ¡Muy bien! ¿Quiere que todo el teatro se nos eche encima?

LA HIJASTRA:

¡Pero es que es la verdad!

EL DIRECTOR:

¡Y qué tiene que ver la verdad! ¡Esto es el teatro! ¡La verdad sirve únicamente hasta cierto punto!

LA HIJASTRA:

Entonces, ¿qué quiere hacer ahora?

EL DIRECTOR:

¡Ahora lo verá! ¡Déjelo en mis manos!

LA HIJASTRA:

¡Eso sí que no, señor! De mi repugnancia, de todos los motivos, a cual más cruel e inicuo, por los que soy «esta» y «así», ¿quiere hacer una obrita romántica y sentimentaloide, en la que él me pregunta las razones de mi luto y yo le respondo llorando que mi padre ha muerto dos meses antes? ¡Ni hablar, señor! Es necesario que él me diga lo que dijo: «¡Pues quitémosle ahora mismo ese vestidito!» Y yo fui allí con el corazón de luto desde hacía apenas dos meses. ¿Lo ve? Allí, detrás del biombo, y con estas manos que tiemblan por la deshonra, por el asco, me quité el vestido…

EL DIRECTOR:

(Agarrándose el cabello.) ¡Por favor! ¿Qué que está diciendo?

LA HIJASTRA:

(Gritando, frenética.) ¡La verdad! ¡Solo la verdad, señor!

EL DIRECTOR:

No dudo que sea la verdad… Y comprendo su horror, señorita. ¡Pero comprenda usted también que es imposible hacer todo eso sobre el escenario!

LA HIJASTRA:

¿Conque es imposible? Pues se lo agradezco, pero no cuente conmigo.

EL DIRECTOR:

Un momento…

LA HIJASTRA:

¡No cuente conmigo! ¡Para nada! ¡Lo que van a representar lo han arreglado ustedes dos! ¡Ahora entiendo! Él quiere que se representen *(enfatiza)* ¡sus tormentos espirituales! ¡Pero yo quiero representar mi drama, el mío!

EL DIRECTOR:

(Irritado, removiéndose con rabia.) ¡Claro, su drama! ¡Pues no solo existe su drama! ¡Están los otros! El suyo. *(Señala al Padre.)* ¡El de su madre! No puede ser que un personaje llame más la atención que los demás y los desplace, acaparando la escena. ¡Es preciso que formen entre todos un cuadro armonioso y que se represente lo que se pueda representar! Ya sé que cada uno tiene una vida entera dentro y que querría contarla. Pero esto es precisamente lo difícil: expresar únicamente lo necesario y en relación con los demás. ¡Y con eso, solo con eso, sugerir todo lo que no se ve! ¡Ah, sí! Sería comodísimo que cada personaje pudiese con un bonito monólogo, o... digamos..., con una conferencia, ¡soltar todo lo que le apeteciese contar! *(En tono bondadoso y conciliador.)* Es necesario que se reprima, señorita. Créame, es por su bien. Incluso porque podría proyectar una mala imagen, se lo advierto. Toda esa rabia ofensiva, ese disgusto crispado, cuando usted misma, si me permite decirlo, ha confesado que se había acostado con otros hombres antes que con él en casa de Madama Pace y más de una vez.

LA HIJASTRA:

(Agachando la cabeza, con voz profunda y tras un momento de recogimiento.) ¡Es verdad! Pero tiene que pensar que, para mí, los otros eran como él.

EL DIRECTOR:

(Sin comprender.) ¿Qué es eso de los otros? ¿Qué quiere decir?

LA HIJASTRA:

Señor, para quien cae, ¿no es el que provocó su caída el responsable de todo lo que le ocurra después? Para mí es él, incluso antes de que yo naciese. ¡Mírelo y dígame si no es cierto!

EL DIRECTOR:

¡Muy bien! ¿Y no le parece escaso el peso de tanto arrepentimiento en él? ¡Deje que se exprese!

LA HIJASTRA:

¿Cómo, señor? ¿Cómo podrá expresar todos sus «nobles» arrepentimientos, todos sus suplicios «morales», si usted quiere ocultar el horror de haber tenido en los brazos, después de haberla invitado a desnudarse de su reciente luto, a una mujer descarriada que al mismo tiempo era la niña, señor, esa niña a la que él iba a ver a la salida de clase? *(Pronuncia estas últimas palabras con voz conmovida.)*

Al oírla hablar así, oprimida por el peso de una angustia incontenible que se expresará primero en unos gemidos sofocados, la Madre estalla en un llanto desconsolado. La emoción los domina a todos. Larga pausa.

LA HIJASTRA:

(En cuanto la Madre empiece a calmarse, añade en tono sombrío y decidido.) Ahora estamos entre nosotros, aún desconocidos para el público. Pero mañana usted ofrecerá un espectáculo sobre nosotros según la trama que quiere escribir. ¿Quiere ver el drama auténtico? ¿Quiere verlo estallar como fue en realidad?

EL DIRECTOR:

¡Por supuesto! Solo pido eso para lograr todo lo que sea posible.

LA HIJASTRA:

Entonces, que salga mi madre.

LA MADRE:

(Se sobrepone al llanto con un grito.) ¡No!... ¡No lo permita, señor! ¡No lo permita!

EL DIRECTOR:

¡Pero si es solo para saber lo que pasó, señora!

LA MADRE:

¡Ya no puedo más! ¡Ya no puedo más!

EL DIRECTOR:

Perdón. ¡Pero todo esto ya pasó! No entiendo entonces...

LA MADRE:

¡No! ¡Está pasando ahora y siempre! ¡Mi suplicio no ha terminado, señor! ¡Yo estoy viva y presente, siempre presente en cada segundo de mi suplicio, que siempre se renueva, también vivo y presente! Y a esos dos pequeños, ¿los ha oído hablar? ¡Ya no pueden hablar, señor! Siguen apegados a mí para tener presente mi suplicio. ¡Pero ellos ya no existen, no! Y ella, señor *(señala a la Hijastra)*, se escapó, se alejó de mí y se ha perdido, se ha descarriado... ¡Si yo la sigo viendo aquí es aún por eso, solo por eso, siempre por lo mismo, siempre, siempre, para recordármelo siempre, vivo y presente, el suplicio que he sufrido también por culpa de ella!

EL PADRE:

(Solemne.) ¡Señor, como le dije, es el instante eterno! Ella *(señala a la Hijastra)* está aquí para retenerme, fijarme, mantenerme inmóvil y siempre suspendido en la humillación, todo por culpa de un momento

efímero y vergonzante de mi vida. No puede renunciar a eso, y usted no puede ayudarme.

EL DIRECTOR:

¡Yo no he dicho que no se representará! Será precisamente el eje del primer acto hasta llegar a la sorpresa de ella. *(Señala a La Madre.)*

EL PADRE:

Eso, sí. Porque es mi condena, señor. Toda nuestra pasión debe culminar en su grito final. *(Señala a La Madre.)*

LA HIJASTRA:

¡Aún lo oigo! ¡Ese grito me volvió loca! Usted puede hacerme aparecer como guste, ya me da igual. Incluso vestida y bastará que al menos tenga los brazos —solo eso— desnudos, porque, ¡escúcheme!, cuando estaba así *(se acerca al Padre y apoya la cabeza en su pecho)*, con la cabeza apoyada así, abrazándole el cuello, ¡vi que aquí, en mi brazo, latía una vena y, como si esa única vena fuese la que me diera asco, cerré los ojos así, y hundí la cabeza en su pecho! *(Se gira hacia La Madre)* ¡Grita, mamá! ¡Venga! *(Y hunde la cabeza en el pecho del Padre y, con los hombros alzados como para no oír el grito, añade con voz desgarrada y sofocada.)* ¡Grita! ¡Grita aquella vez!

LA MADRE:

(Corriendo a separarlos.) ¡No! ¡Hija, hija mía! *(Tras apartarlos.)* ¡Bestia, animal, es mi hija! ¿Es que no ves que es mi hija?

EL DIRECTOR:

(Retrocediendo al tablado tras el grito, entre el pasmo de los Actores.) ¡Magnífico! ¡Sí, magnífico! ¡Telón, telón!

EL PADRE:

(Se le acerca, agitado.) ¡Así fue, así pasó de verdad, señor!

EL DIRECTOR:

(Admirado y convencido.) ¡No lo dudo! ¡Telón, telón!

Ante los reiterados gritos del Director, el Tramoyista hace caer el telón, dejando fuera al Director y al Padre.

EL DIRECTOR:

(Mira arriba y levanta los brazos.) ¡Pero qué idiota! He dicho telón para dar a entender que el acto debe terminar así, ¡y va y me baja el telón de verdad! *(Al Padre, levantando el telón por el borde para entrar en el escenario.)* ¡Está muy, pero que muy bien! ¡Va a causar sensación sin duda! Tiene que terminar así. ¡Se lo digo yo, sin duda, al menos este primer acto! *(Entra con el Padre tras el telón.)*

Al levantarse el telón se ve que los Tramoyistas y Montadores han desmantelado el primer simulacro de escena y que, en su lugar, han colocado una fuentecita de jardín. En una parte del escenario se sientan los Actores en fila y, en la otra, los Personajes. El Director está de pie en mitad del escenario, agarrándose la barbilla con el puño apretado, cavilando.

EL DIRECTOR:

(Reacciona tras una breve pausa.) Entonces... ¡Veamos el segundo acto! ¡Déjenme, déjenme a mí, como había dicho desde un principio! ¡Irá de perlas!

LA HIJASTRA:

Ahora vendría nuestra entrada en su casa *(señala al Padre)*, ¡pese a él! *(Señala al Hijo.)*

EL DIRECTOR:

(Impaciente.) Eso está bien, pero déjemelo a mí. ¿De acuerdo?

LA HIJASTRA:

¡Pero que quede claro su menosprecio!

LA MADRE:

(Titubea meneando la cabeza.) Para lo que nos ha servido…

LA HIJASTRA:

(Se dirige a ella de manera tajante.) ¡Da lo mismo! ¡Cuanto más daño para nosotros, más arrepentimiento para él!

EL DIRECTOR:

(Impaciente.) ¡Comprendo, comprendo! ¡Y se lo tendrá en cuenta! ¡No lo dude!

LA MADRE:

(Suplicante.) Pero que se entienda bien, se lo suplico, señor, por mi conciencia, que yo busqué de cualquier modo…

LA HIJASTRA:

(Interrumpe despectivamente y retoma la palabra.) …¡calmarme y aconsejarme que no lo despreciase! *(Al Director.)* Dele ese placer, complázcala, ¡porque es cierto! Yo disfruto de lo lindo porque, entretanto, salta a la vista:

¡cuanto más ruega ella o trata de conmoverlo, más se aleja él, se «ausenta»! ¡Qué bonito!, ¿no?

EL DIRECTOR:

¿Vamos a empezar o no el segundo acto?

LA HIJASTRA:

Me callo. ¡Pero piense que desarrollar todo en el jardín, como usted quiere, no será posible!

EL DIRECTOR:

Y ¿por qué no?

LA HIJASTRA:

Porque él *(señala de nuevo al Hijo)* siempre está metido en su cuarto, ¡apartado! Luego, como le he dicho, habrá que desarrollar todo el papel de ese pobre chico confundido en casa.

EL DIRECTOR:

¡Sí, pero como comprenderán, no podemos andar colgando carteles o cambiar el escenario cada dos por tres!

EL ACTOR PROTAGONISTA:

Antes se hacía…

EL DIRECTOR:

¡Cuándo el público tal vez fuese como esa niña!

LA ACTRIZ PROTAGONISTA:

¡Y hasta era más sencillo lograr la ilusión!

EL PADRE:

(Se levanta de golpe.) ¿La ilusión? ¡Les ruego que no hablen de ilusión! No pronuncien esa palabra. ¡Es demasiado brutal para nosotros!

EL DIRECTOR:

(Sorprendido.) ¿Se puede saber por qué?

EL PADRE:

¡Es cruel, muy cruel! ¡Debería entenderlo!

EL DIRECTOR:

Entonces, ¿cómo la llamamos? ¿Cómo se llama a la ilusión de crear, aquí, a los espectadores…?

EL ACTOR PROTAGONISTA:

...con nuestra representación...

EL DIRECTOR:

...la ilusión de una realidad...

EL PADRE:

Lo sé, señor. Tal vez sea usted quien no nos comprende. ¡Le ruego que me perdone! Para usted y sus actores todo esto es solo un juego y no lo critico.

LA ACTRIZ PROTAGONISTA:

(Interrumpiendo enojada.) ¡De qué juego está hablando! ¡No somos criaturas! ¡Aquí se actúa de verdad!

EL PADRE:

¡Sí, pero si no lo niego! Y sé precisamente que el juego de su arte tiene que formar, como dice el señor, una perfecta ilusión de realidad.

EL DIRECTOR:

¡Eso es precisamente!

EL PADRE:

¡Pero también tiene que pensar que para nosotros *(se señala a sí mismo y rápidamente a los cinco Personajes restantes)* no hay más realidad que esta ilusión!

EL DIRECTOR:

(Aturdido, mirando a sus actores también perplejos y despistados.) ¿Y qué quiere decir con eso?

EL PADRE:

(Tras observarlos minuciosamente con una sonrisita.) ¡Claro que sí, señores! ¿Qué otra realidad? Lo que para ustedes es una ilusión que han de crear, para nosotros es la única realidad. *(Breve pausa. Da unos pasos hacia el Director y continúa.)* ¡Y no solo para

nosotros, créame! Piénselo bien. *(Lo mira fijamente a los ojos.)* ¿Podría decirme quién es usted? *(Y lo apunta con el dedo.)*

EL DIRECTOR:

(Turbado, con media sonrisa.) ¿Qué quién soy? ¡Pues soy yo!

EL PADRE:

¿Y si le dijera que no es verdad y que usted es yo?

EL DIRECTOR:

¡Le diría sencillamente que está chiflado!

Los Actores ríen.

EL PADRE:

Se ríen con motivo. Esto es un juego *(al Director)*, así que usted puede objetarme que solo por un juego ese señor de allí *(señala al Actor Protagonista)*, que es «él», debe ser «yo», pero que soy yo, «este» ¿Ve cómo ha caído en la trampa?

Los Actores ríen de nuevo.

EL DIRECTOR:

(Seco.) ¡Ya hemos hablado de esto! ¿Se lo repito?

EL PADRE:

No, no. No era eso lo que quería decir. Hasta lo invito a salir de este juego *(mirando a la Actriz Protagonista, como anticipándose)* ¡tan teatral! que suele hacer aquí con sus actores. Pero preguntarle de nuevo en serio: ¿quién es usted?

EL DIRECTOR:

(Se dirige, maravillado y molesto, al mismo tiempo, a los Actores.) ¡Pero tendrá cara! ¡Uno que se da ínfulas de personaje se atreve a preguntarme quién soy!

EL PADRE:

(Con humilde dignidad.) Señor, un personaje siempre puede preguntarle a un hombre quién es, puesto que un personaje realmente tiene una vida, con sus propios rasgos que siempre lo hacen «alguien». En cambio, un hombre —y no hablo de usted ahora— un hombre cualquiera puede no ser «nadie».

EL DIRECTOR:

¡Sí! ¡Pero usted me lo pregunta a mí, que soy el Director! ¡El Director de la compañía! ¿Es consciente?

EL PADRE:

(Casi susurrando, con una meliflua humildad.) Señor, lo hago únicamente para saber si usted puede verse realmente cómo es ahora mismo… y cómo ve, por ejemplo, con la lejanía del tiempo, a quien fue, con las ilusiones que abrigaba entonces; con todas las cosas, dentro y a su alrededor, según las veía entonces —y que eran realmente así para usted—. Pues bien, señor. Al recordar esas ilusiones que ha dejado de plantearse, las cosas que ahora no le «parecen» como «eran» hace un tiempo para usted, ¿no le parece que falta, no digo ya estas tablas del escenario, sino un piso firme, el suelo bajo sus pies, sobre todo si piensa que también «esto» que siente ahora, toda su realidad actual, según es, también está abocada a parecerle una ilusión el día de mañana?

EL DIRECTOR:

(Sin haber comprendido muy bien, aturdido por la abstrusa argumentación.) ¿Y? ¿Adónde quiere llegar?

EL PADRE:

A ningún sitio, señor. Solo quiero que vea que si nosotros *(se señala a sí mismo de nuevo y a los otros Personajes)* no tenemos más realidad que la ilusión, también convendría que usted desconfiase de su realidad, de la que respira y palpa ahora porque, como la de ayer, se le revelará en el futuro como una ilusión.

EL DIRECTOR:

(Tomándoselo de broma.) ¡Tiene toda la razón! ¡Ahora solo falta que me diga que con esta comedia que viene a representarme es más verdadero y real que yo!

EL PADRE:

(Muy serio.) ¡No me cabe ninguna duda, señor!

EL DIRECTOR:

¿Ah, sí?

EL PADRE:

Supuse que usted lo había comprendido desde el primer momento.

EL DIRECTOR:

¿Más real que yo?

EL PADRE:

Si su realidad se puede cambiar de un día para el otro…

EL DIRECTOR:

¡Por supuesto que se puede cambiar, claro! ¡Y continuamente! ¡Cómo todos!

EL PADRE:

(Con un grito.) ¡Pero no la nuestra, señor! ¿Comprende? ¡Esa es la diferencia! No cambia, no puede mutar ni ser otra, jamás, porque se ha fijado así, «esta», eternamente. ¡Y eso es terrible, señor! ¡Es completamente inalterable! ¡Hasta deberían sentir un escalofrío al acercársenos!

EL DIRECTOR:

(Tajante, situándose delante por una idea que se le ocurre de pronto.) Pues me gustaría saber, ¿cuándo se ha visto a un personaje salirse de su papel para dedicarse a examinar como hace usted, exponiendo y explicando sus ideas? ¿Me lo podría decir? ¡Jamás en mi vida lo he visto!

EL PADRE:

Señor, no lo ha visto porque los autores esconden muy a menudo las inquietudes de su creación. Cuando los personajes están vivos, realmente vivos delante de su autor, él solo observa las palabras y los gestos que ellos proponen, y él debe aceptarlos como son, porque ¡ojito si no es así! Cuando nace un personaje, adquiere de inmediato una independencia tal, incluso frente a su autor, que puede ser imaginado en un sinfín de circunstancias que el autor ni siquiera imaginó. ¡Y con eso llega a adquirir, en ciertas ocasiones, un significado que jamás soñó el autor!

EL DIRECTOR:

¡Por supuesto que lo sé!

EL PADRE:

Entonces, ¿qué le asombra de nosotros? Imagine la desgracia que supone para un personaje todo lo dicho, haber nacido vivo de la fantasía de un autor que después le niega la vida. Dígame luego si este personaje, así abandonado, vivo y sin vida, no tiene motivos para hacer lo que estamos haciendo nosotros ahora mismo frente a ustedes, tras haberlo hecho muchas veces, créame, delante de nuestro autor, todo para animarlo, apareciendo unas veces yo, otras ella *(señala a la Hijastra)*, otras esa pobre madre…

LA HIJASTRA:

(Adelantándose, ensimismada.) Es cierto. Señor, yo también lo tenté en muchas ocasiones en medio de la melancolía de su escritorio, al atardecer, cuando él, desmadejado en su butaca, no se animaba a encender la luz y dejaba que las sombras invadieran la habitación, y que nosotros deambulásemos por ellas, tratando de convencerlo... *(Como si aún se viera en ese escritorio y le molestase la presencia de todos los Actores.)* ¡Si se fuesen todos! ¡Si nos dejasen a solas! Esa madre, con ese hijo. Yo con esa niña. Ese chico siempre solo. Y después yo con él. *(Señala brevemente al Padre.)* Y luego yo sola, sola... en esa sombra. *(Se sobresalta, como si desease aferrarse a la visión que tiene de sí misma, luminosa y viva en esa sombra.)* ¡Ay, mi vida! ¡Qué escenas, qué escenas le sugeríamos! ¡Era yo quien más lo provocaba!

EL PADRE:

¡Sí! ¡Pero tal vez fue por culpa tuya, por tu insistencia, por tu excesivo descontrol!

LA HIJASTRA:

¡No es verdad! ¡Él mismo quiso que yo fuese así! *(Va al Director para hablarle en confidencia.)* Señor, creo que fue a causa del envilecimiento y del tedio debidos a la clase de teatro que gusta al público y que pide ver...

EL DIRECTOR:

¡Avancemos, por Dios! ¡Y ciñámonos a los hechos!

LA HIJASTRA:

¡Me parece que hay demasiados hechos desde que entramos en su casa! *(Señala al Padre.)* ¡Decía que no podía colgar cartelitos o cambiar el escenario cada cinco minutos!

EL DIRECTOR:

¡Sí, exacto! Prepararlos, agruparlos en una acción simultánea y compacta, pero no como usted quiere, que primero quiere ver a su hermanito regresando de clase y vagando como una sombra por las habitaciones, ocultándose detrás de las puertas para meditar en un propósito en el que… ¿cómo había dicho?

LA HIJASTRA:

¡Se disocia, señor, todo![12]

EL DIRECTOR:

¡Esa palabra me parece excesiva! Da igual, un chico al que están «abriéndosele los ojos», ¿verdad?

LA HIJASTRA:

Sí, señor. ¡Ahí lo tiene! *(Lo señala junto a* La Madre.*)*

EL DIRECTOR:

¡Muy bien! Luego, al mismo tiempo, también querría a esa niña confiada que juega en el jardín. Uno en la casa y la otra en el jardín. ¿Es posible?

LA HIJASTRA:

¡Al sol y contenta, señor! Su alegría, su fiesta en ese jardín es mi mayor recompensa. Rescatada de la miseria, de la sordidez de un espantoso dormitorio en el que dormíamos los cuatro, y yo con ella. ¡Yo, imagíneselo! Con el horror de mi cuerpo pecaminoso junto a ella, que me estrechaba con fuerza entre sus bracitos amorosos y puros. Casi no me veía en el jardín y corría a tomarme de la mano. No miraba las flores grandes, pero descubría todas las «pequeñitas, pequeñitas», como las llamaba. ¡Y

[12] En el original utiliza un arcaísmo italiano (dissuga) para darse tono. Aquí se ha recurrido a un término que más o menos da la idea de separación, de que el niño pone distancia entre él y las cosas.

quería enseñármelas con una alegría como si fuese una fiesta!

Hablando así, rota por los recuerdos, rompe a llorar amargamente, con desesperación, inclinando la cabeza entre los brazos extendidos sobre la mesita. Todos acabarán emocionados.

El Director se le acerca paternalmente y le habla para reconfortarla.

EL DIRECTOR:

¡Haremos ese jardín, lo montaremos, no lo dude! ¡Ya verá lo alegre que se pone! ¡Agruparemos allí las escenas! *(Llama por su nombre a un Montador.)* ¡Que traigan unos árboles! ¡Dos cipreses pequeños que irán delante de la piscina!

Se ven bajar desde lo alto un bastidor con la imagen de dos cipreses. El Tramoyista se acerca para fijarlos al piso.

EL DIRECTOR:

(A La Hijastra.*)* Ahora lo dejaremos así, solo para dar una idea. *(Llama al Montador una vez más.)* ¡Dame un poco de cielo!

EL MONTADOR:

(Desde arriba.) ¿Cómo?

EL DIRECTOR:

¡Un poco de cielo! ¡Un fondo de cielo para poner detrás de la piscina!

Se ve bajar desde la parte superior del escenario una tela blanca.

EL DIRECTOR:

¡Blanca no! ¡Te he dicho color cielo! Da igual, déjalo. Ya me encargaré yo. *(Llamando.)* ¡Electricista! ¡Apague todas las luces! Quiero algo parecido a un ambiente lunar… sí, lunar… luces azules, iluminación azul sobre la tela… con el reflector… ¡Eso es! ¡Así está bien!

Según lo solicitado por el Director, se dará una misteriosa iluminación lunar, que induce a los Actores a hablar y moverse en el jardín como si fuese una noche de luna.

EL DIRECTOR:

(A La Hijastra.) ¡Mire! ¿Qué le parece? Y ahora el muchachito, en lugar de ocultarse tras las puertas de las habitaciones, podría venir al jardín y ocultarse tras los árboles. Pero debe recordar que será difícil dar con una niña que haga bien la escena con usted, cuando le muestre las flores. *(Dirigiéndose al Chico.)* ¡Ven aquí! ¡Concretemos un poco lo que vamos a hacer! *(Ve que el Chico no se mueve.)* ¡Venga, vamos! *(Lo va a buscar, tratando de que tenga la cabeza erguida pese a que el Chico la deja caer.)* ¡Este chico es un problema! ¿Cómo puede hacerse, Dios mío? Al menos debe decir algo… *(Le pone las manos sobre los hombros y lo lleva detrás del bastidor de los árboles.)* Ponte aquí, eso… Así… Escóndete un poco… Bien… Trata de asomarte un poco, como si estuvieses espiando… *(El Director se aleja un poco para evaluar el efecto. En cuanto el Chico se asoma, los Actores se quedan impresionados.)* ¡Muy bien!… Eso está muy bien… *(Se dirige a La Hijastra.)* Y si la niña lo descubre espiando así, ¿no cree que podría acercarse y hacerlo hablar aunque sea unas palabras?

LA HIJASTRA:

(Poniéndose en pie.) ¡Ni lo sueñe! ¡No hablará mientras él esté aquí! *(Señala al Hijo.)* Primero debería sacarlo a él de aquí.

EL HIJO:

(Yendo resuelto hacia una de las dos escaleritas.) ¡Ahora mismo y encantado! ¡No espero más!

EL DIRECTOR:

(Lo retiene de inmediato.) ¡No, no! ¿Adónde va? ¡Espere un momento!

La Madre se levanta asustada y angustiada ante la posibilidad de que realmente se vaya, así que instintivamente alza los brazos como para retenerlo, aunque no se mueve de su sitio.

EL HIJO:

(Ya en el tablado, se dirige al Director, que lo retiene.) ¡Aquí no pinto nada! ¡Déjeme ir, por favor! ¡Deje que me marche de una vez!

EL DIRECTOR:

¿Cómo que no pinta nada?

LA HIJASTRA:

(Plácidamente, irónica.) ¡No lo retenga, no! ¡No se marchará!

EL PADRE:

¡Tiene que representar la terrible escena del jardín junto a su madre!

EL HIJO:

(Rápidamente, resuelto y furibundo.) ¡Yo no haré nada! ¡Lo dije desde el principio! ¡Nada! *(Al Director.)* ¡Deje que me vaya!

LA HIJASTRA:

(Se acerca al Director.) ¿Me permite, señor? *(Afloja los brazos del Director que retienen al Hijo.)* Déjelo. *(Luego, se dirige al Hijo, en cuanto lo suelta El Director.)* Ya está. ¡Vete!

El Hijo se queda quieto junto a la escalerita. No puede bajar los escalones, como si lo retuviese un poder oculto. Luego, ante el pasmo y la sorpresa de los Actores, camina a lo largo del tablado hacia la otra escalerita del escenario. Se vuelve a detener y tampoco puede bajar.

LA HIJASTRA:

(Que lo ha seguido con la mirada, ríe a carcajadas.) ¿Lo ve? ¡No puede hacerlo, no es capaz! Tiene que quedarse aquí a la fuerza, encadenado sin remedio. Señor, si cuando pase lo que tenga que pasar, yo levanto el vuelo —precisamente por el odio que me inspira y para no tener que verlo más—, si hasta yo me quedo aquí y aguanto sus miradas y su presencia, ¡imagine si él va a marcharse, que tendrá que quedarse con su maravilloso padre y con esa madre que no tiene otros hijos que él!... *(Se dirige a La Madre.)* ¡Ven mamá, ven!... *(Se la señala al Director)* Mire. Se había levantado, se había levantado para retenerlo... *(A la Madre, casi atrayéndola como por ensalmo.)* Ven, ven... *(Luego al Director)* Imagine la resistencia de ella como para mostrar a sus actores lo que siente. Anhela tanto acercarse a él... ¡Ahí lo tiene!... ¿Lo ve?... ¡Tan dispuesta está a vivir su escena!

Efectivamente, la Madre se acerca y en cuanto la Hijastra termine sus últimas palabras, abre los brazos para dar a entender que está de acuerdo con lo dicho.

EL HIJO:

(De inmediato.) ¡No puedo marcharme! ¡No! ¡Si no puedo, entonces me quedaré aquí! ¡Pero repito que no representaré nada!

EL PADRE:

(Al Director, agitado.) ¡Usted puede obligarlo, señor!

EL HIJO:

¡Nadie puede hacerlo!

EL PADRE:

¡Lo haré yo, entonces!

LA HIJASTRA:

¡A ver, un momento! ¡Primero la niña tiene que estar en la piscina! *(Corre a recoger a la Niña, se arrodilla delante de ella y le sujeta la carita entre las manos.)* Pobre mía, miras todo esto muerta de miedo, con esos ojitos tan bonitos. ¿Qué pensarás de todo esto? Estamos en un teatro, tesoro. ¿Que qué es un teatro? ¿Lo ves? Es un sitio donde se juega a simular las cosas en serio. Se representan las comedias. Y nosotros haremos ahora la comedia. ¡Pero de verdad! Y tú también... *(La abraza, apretándola contra su pecho y meciéndola un poco.)* ¡Cariño, tesoro, qué comedia tan fea te va a tocar! ¡Qué cosa tan horrible han pensado para ti! El jardín, la piscina... Es falsa, como es natural. Lo terrible es eso, tesoro:

¡que todo aquí es falso! Aunque tal vez te guste más una piscina falsa que una de verdad. Para jugar, ¿no? Pero no, el juego es para los demás, no para ti, que eres de verdad, tesoro, y que juegas de verdad en una piscina real, una piscina grande, verde, con tantos bambúes que dan sombra y se reflejan en el agua, y muchos patitos que nadan en el agua y atraviesan las sombras. Tú quieres atrapar un patito... *(Con un grito que sorprende a todos.)* ¡No, Rosetta, no! ¡Mamá no se ocupa de ti por ese sinvergüenza de su hijo! ¡Y yo ando con todos mis demonios en la cabeza!... Y él... *(Deja a la Niña y se dirige en el mismo tono al Chico.)* ¿Qué hace aquí, siempre con ese aire de pordiosero? También será tu culpa si esa pequeña se ahoga. ¡Por quedarte así, de esa manera, como si yo no hubiese pagado por todos el ingreso en esa casa! *(Lo agarra de un brazo para obligarlo a sacar la mano del bolsillo.)* ¿Qué te guardas? ¿Qué escondes? ¡Saca la mano! *(Le obliga a sacar la mano y, para horror de todos, descubre que empuña un pequeño revólver. Lo mira satisfecha por su descubrimiento, pero luego añade en tono sombrío.)* ¿De dónde lo has sacado? *(El Chico, intimidado, con la cabeza gacha en todo momento, no responde.)* ¡Idiota! En lugar de matarte, yo habría asesinado a uno de esos dos, o a los dos: ¡al padre y al hijo! *(Lo lleva nuevamente tras los árboles desde los que espiaba. Luego toma a la Niña y la mete en la piscina, de modo que queda oculta. Así yace, con el rostro entre los brazos, que permanecen apoyados en el bordillo de la piscina.)*

EL DIRECTOR:

¡Magnífico! *(Dirigiéndose al Hijo.)* Pero al mismo tiempo…

EL HIJO:

(Desdeñoso.) ¡Nada de al mismo tiempo! ¡Señor, nada de eso es cierto! ¡No hubo discusiones entre ella y yo! *(Señala a La Madre.)* Que le diga ella lo que pasó.

Mientras, la Segunda actriz y el Actor joven se han separado del grupo de los Actores. Ella observa con mucha atención a la Madre, que está enfrente, y él al Hijo, de manera que sabrán después cómo interpretar sus papeles.

LA MADRE:

¡Es cierto, señor! Yo había entrado en su habitación.

EL HIJO:

En mi dormitorio, ¿lo ve? ¡No en el jardín!

EL DIRECTOR:

¡Eso es igual! ¡Hay que reagrupar los hechos, ya lo dije!

EL HIJO:

(Notando que el Actor Joven lo observa.) ¿Y usted qué quiere?

EL ACTOR JOVEN:

Nada, solo estoy observando.

EL HIJO:

(Se dirige al otro lado, a la Segunda Actriz.) ¡Ah!... Y allí está usted. ¿Seguro que va a interpretar el papel de ella? *(Señala a La Madre.)*

EL DIRECTOR:

¡Eso es! ¡Por eso mismo! ¡Debería agradecer que se preocupen!

EL HIJO:

¡Ah, sí! ¡Gracias! Pero ¿es que no ve que no puede representar esta comedia? Nosotros no estamos dentro de usted, y sus actores ven todo desde fuera. ¿Cree posible vivir delante de un espejo que, como mucho, no contento con devolvernos la imagen de nuestra expresión, nos la devuelva como una mueca irreconocible de nosotros mismos?

EL PADRE:

¡Eso es cierto! ¡Es cierto! ¡Acéptelo!

EL DIRECTOR:

(Al Actor Joven y a la Segunda Actriz.) ¡Está bien, pero pónganse a un lado!

EL HIJO:

¡Es inútil! Yo no voy a hacerlo.

EL DIRECTOR:

¡Cállese por ahora y déjeme escuchar a su madre! *(A La Madre.)* ¿Entonces? ¿Había entrado?

LA MADRE:

Sí, señor. Entré en su habitación porque no pude resistirlo más. Tenía que liberarme de toda la angustia que me oprimía. Pero en cuanto él me vio entrar…

EL HIJO:

¡No discutimos! Me fui. Salí porque no quería montar una escena. Porque yo nunca he las he montado, ¿comprende?

LA MADRE:

¡Es cierto! ¡Fue así! ¡Fue así!

EL DIRECTOR:

¡Pero ahora debe montarse esa discusión entre usted y él! ¡Es preciso!

LA MADRE:

¡Aquí me tiene, señor! Aunque tal vez debería dejarme que hable un momento con él para mostrarle mi corazón.

EL PADRE:

(Se acerca al Hijo con agresividad.) ¡Lo tienes que hacer! ¡Por tu madre! ¡Por tu madre!

EL HIJO:

(Más convencido que nunca.) ¡No haré nada!

EL PADRE:

(Lo agarra por los hombros y lo sacude.) ¡Por Dios, obedece! ¡Obedece! ¿No oyes cómo te está hablando? ¿No tienes corazón?

EL HIJO:

(Lo agarra también.) ¡No! ¡No! ¡No insistas!

Agitación general. La Madre, temerosa, trata de interponerse y separarlos.

LA MADRE:

¡Por favor! ¡Por favor!

EL PADRE:

(Sin soltarlo.) ¡Tienes que obedecer! ¡Tienes que hacer caso!

EL HIJO:

(Lucha con él y finalmente lo tumba cerca de la escalerita, ante la consternación de todos.) ¿Qué locura te ha dado? ¡No tiene dignidad como para dejar de exhibir ante todos su vergüenza y la nuestra! ¡Yo no me presto a eso! ¡Eso no! ¡Interpreto así la voluntad de quien no quiso hacer de nosotros un espectáculo!

EL DIRECTOR:

¡Pero si han venido todos!

EL HIJO:

(Señala a El Padre.) ¡Él sí, yo no!

EL DIRECTOR:

¿No está usted también aquí?

EL HIJO:

¡Él quiso venir, arrastrándonos a todos y prestándose para organizar esto con usted, no solo lo que pasó, sino también lo que no ha pasado, como si aquello no bastase!

EL DIRECTOR:

¡Entonces dígame, cuénteme qué pasó! ¡Dígamelo! ¿Se fue de su habitación sin decir nada?

EL HIJO:

(Tras un momento de indecisión.) Nada. ¡Se fue para no dar pie a ninguna discusión!

EL DIRECTOR:

(Incitándolo.) Bien, ¿y qué hizo después?

EL HIJO:

(Entre la angustiosa atención de todos, que se acercan sobre el escenario.) Nada… Crucé el jardín… *(Se calla, hosco, absorto.)*

EL DIRECTOR:

(Lo empuja para que hable, impresionado por su contención.) ¿Sí? ¿Cruzó el jardín y…?

EL HIJO:

(Irritado, escondiendo el rostro con el brazo.) ¿Por qué quiere que hable, señor? ¡Es espantoso!

La Madre se estremece con gemidos sofocados y mira la piscina.

EL DIRECTOR:

(Lentamente, consciente de la mirada, se dirige al Hijo con aprensión creciente.) ¿La niña?

EL HIJO:

(Mira hacia delante, hacia la platea.) Allí, en la piscina…

EL PADRE:

(En el suelo, señala con compasión a La Madre.) ¡Y ella lo seguía, señor!

EL DIRECTOR:

(Al Hijo, con ansiedad.) ¿Y entonces, usted?

EL HIJO:

(Lentamente, mirando hacia delante.) Lo vi y corrí a salvarla… Pero me paré en seco porque detrás de los

árboles vi algo que me heló la sangre. Era el chico, que estaba allí quieto, con ojos de loco, mirando a la hermana ahogada en la piscina… *(La Hijastra, aún inclinada sobre la piscina para esconder a la Niña, profiere con un sollozo amargo, profundo como un eco. Pausa.)* Me acerqué a él, y entonces…

Estalla un disparo detrás de los árboles, donde el Chico permanecía escondido.

LA MADRE:

(Profiere un grito desgarrado, se acerca junto con el Hijo y con todos los Actores entre la conmoción general.) ¡Hijo! ¡Hijo mío! *(Luego, en medio de la confusión y los gritos incoherentes de los otros.)* ¡Auxilio, auxilio!

EL DIRECTOR:

(En medio del griterío, trata de abrirse paso mientras levantan al Chico y lo llevan detrás de la tela blanca.) ¿Está herido? ¿Está realmente herido?

Todos, menos el Director y el Padre, que yacía en el suelo, desaparecen detrás de la tela blanca que hacía de cielo, y se quedan un rato comentando con desesperación lo sucedido. Luego reaparecen en escena. Salen por ambos lados de la tela.

LA ACTRIZ PROTAGONISTA:

(Sale por la derecha, apenada.) ¡Está muerto! ¡Pobre criatura! ¡Está muerto, Dios mío!

EL ACTOR PROTAGONISTA:

(Sale por la izquierda, riendo.) ¡Qué muerto ni qué ocho cuartos! ¡Es solo un simulacro! ¡No se lo crean!

LOS ACTORES DE LA DERECHA:

¿Simulacro? ¡Es la realidad! ¡Está muerto!

LOS ACTORES DE IZQUIERDA:

¡No es verdad! ¡Es un simulacro! ¡Una ficción!

EL PADRE:

(Se pone en pie y grita en medio de todos.) ¡Nada de ficción! ¡Es la realidad, señores, la realidad! *(Y desaparece tras la tela, nervioso.)*

EL DIRECTOR:

(Sin contenerse.) ¡Ficción! ¡Realidad! ¡Váyanse todos al cuerno! ¡Luces! ¡Luces! ¡Luces!

Simultáneamente, todo el escenario y el teatro se iluminarán con intensidad. El Director suspira como si se hubiese librado de una pesadilla. Todos se miran entre sí, perplejos y desorientados.

EL DIRECTOR:

¡Nunca me había pasado algo semejante! ¡Me han hecho perder un día entero! *(Consulta el reloj.)* ¡Váyanse, largo! ¿Qué más quieren hacer ahora? Ya es tarde para retomar el ensayo. ¡Nos veremos esta noche! *(En cuanto los actores se marchen, saludándolo, añade:)* ¡Electricista! ¡Apague todo!

El teatro se sumirá entonces en una oscuridad completa durante unos segundos.

EL DIRECTOR:

¡Por Dios! ¡Al menos déjeme una lucecita para ver dónde piso!

Entonces, detrás de la tela, como por error, se enciende un reflector verde que proyecta, aumentadas y alargadas, las sombras de los Personajes, menos la del Chico y la Niña. Al verlos, El Director huye aterrorizado del escenario. Se apaga ahora el reflector detrás de la tela y se ilumina de nuevo el escenario con la luz nocturna azulada del comienzo. Lentamente, por el lado derecho de la tela, sale primero el Hijo, seguido por la Madre, con los brazos tendidos hacia él. Después, por la izquierda, El Padre. Se quedan en el centro del escenario

como seres fantasmales. El último personaje saldrá por la izquierda. Es la Hijastra, que corre hacia una de las escaleritas. Se detiene en el primer peldaño para mirarlos y suelta una carcajada estentórea y se precipita por la escalera. Corre a lo largo del pasillo entre las butacas, se detiene de nuevo y vuelve a reír mirando a los tres personajes que continúan arriba, en el escenario. Sale de la sala y se sigue oyendo su risa.

Poco después caerá el telón.